中国岩石力学与工程学会科学家事迹丛书

礼赞·科学家精神（一）

中国岩石力学与工程学会党委　编著

中国科学技术出版社

·北京·

图书在版编目（CIP）数据

礼赞·科学家精神.一 / 中国岩石力学与工程学会党委编著.—北京：中国科学技术出版社，2019.11（2022.6 重印）

（中国岩石力学与工程学会科学家事迹丛书）

ISBN 978-7-5046-8454-7

Ⅰ．①礼… Ⅱ．①中… Ⅲ．①岩石力学—科学工作者—生平事迹—中国—现代 Ⅳ．① K826.14

中国版本图书馆 CIP 数据核字 (2019) 第 234450 号

策划编辑	符晓静
责任编辑	符晓静　齐　放
封面设计	方祖烈　孙雪骊
正文设计	九章文化
责任校对	张晓莉
责任印制	徐　飞

出　　版	中国科学技术出版社
发　　行	中国科学技术出版社有限公司发行部
地　　址	北京市海淀区中关村南大街 16 号
邮　　编	100081
发行电话	010-62173865
传　　真	010-62173081
网　　址	http://www.cspbooks.com.cn

开　　本	720mm×1000mm　1/16
字　　数	150 千字
印　　张	12
版　　次	2019 年 11 月第 1 版
传　　真	2022 年 6 月第 2 次印刷
印　　刷	北京博海升彩色印刷有限公司
书　　号	ISBN 978-7-5046-8454-7/K・263
定　　价	56.00 元

（凡购买本社图书，如有缺页、倒页、脱页者，本社发行部负责调换）

《礼赞·科学家精神（一）》编委会

主任　冯夏庭　何满潮

成员　（以姓氏笔画为序）
　　　　王旭东　王明洋　方祖烈　李　晓
　　　　李术才　杨　强　杨晓杰　宋胜武
　　　　张　维　郑炳旭　郭熙灵　唐春安
　　　　康红普　谢富仁　潘一山

《礼赞·科学家精神（一）》编委会办公室

主任　张　维

成员　（以姓氏笔画为序）
　　　　王　铭　方祖烈　冯　婷
　　　　李　彬　张建军

前言

2019年春，中国科协、人民日报社共同主办了"礼赞·科学家精神"中国科协甲子华诞特别奉献专题活动，以弘扬科学家精神为主线，庆祝中国科协成立60周年，献礼新中国成立70周年。由中国科协编印的《爱国奋斗精神学习读本》正式向全社会发布。

该书的出版发行为激励和引导广大科技工作者追求真理、勇攀高峰，树立科技界广泛认可、共同遵循的价值理念，加快培育促进科技事业健康发展的强大精神动力，弘扬科学家爱国奉献精神具有深刻的现实意义和深远的历史意义。

2019年6月，中共中央办公厅、国务院办公厅印发了《关于进一步弘扬科学家精神加强作风和学风建设的意见》，并发出通知，要求各地区各部门结合实际认真贯彻落实。

通知指出，弘扬科学家精神，主要侧重在以下方面：大力弘扬胸怀祖国、服务人民的爱国精神；大力弘扬勇攀高峰、敢为人先的创新精神；大力弘扬追求真理、严谨治学的求实精神；大力弘扬淡泊名利、潜心研究的奉献精神；大力弘扬集智攻关、团结协作的协同精神；大力弘扬甘为人梯、奖掖后学的育人精神。这六个方面体现了弘扬科学家精神的精髓。

配合这一行动，中国岩石力学与工程学会决定以两批资深会员的事迹为基础，编写学会自己的"礼赞·科学家精神"出版物，掀起向以钱七虎院士为代表的老一辈科学家的学习热潮，继承他们爱国奉献的优良传统，把广大岩石力学与工程科技工作者凝聚在党的周围，为实现建设世界一流学会的宏伟目标而努力奋斗。

为了落实"礼赞·科学家精神"出版物的出版发行，学会决定由组织宣传部负责组织实施，3月29日下发征文公函，7月底汇总文稿。在暑期中编委会办公室全体人员放弃休假，召开3次工作会议，并分工对文稿进行修改和编辑。他们用自己的努力践行着"礼赞·科学家精神"的内涵。

本书包括11篇文章，或由本人回忆撰写，或由同事、学生编写，无不以朴实的语言、鲜活的实例、感人的事迹展现了老一辈岩石力学科学家献身祖国科学事业、勇于奉献担当的壮阔胸怀，读后令人感动、令人热血沸腾。

我们将高度重视"礼赞·科学家精神"的宣传工作，2020年还将编辑第二册，不断弘扬岩石力学与工程界的先进人物和先进事迹，推动科学家精神进校园、进课堂、进工地、进厂矿。系统采集、妥善保存科学家学术成长资料，深入挖掘所蕴含的学术思想、人生积累和精神财富。在学会广大会员中真正掀起弘扬科学家精神的热潮，加强网络和新媒体宣传平台建设，创新宣传方式和手段，增强宣传效果、扩大传播范围，把学习和传承科学家爱国奉献的精神落到实处，为全面推进学会的各项工作，实现我国从岩石力学大国向岩石力学强国的跨越，为实现中华民族伟大复兴的中国梦而铸就新的辉煌！

《礼赞·科学家精神（一）》编委会

2019 年 9 月 10 日

不忘岩石力学初心
牢记岩石工程使命

冯夏庭

弘扬科学家精神
激发创新者活力

何鸣鸿
二〇二一年九月

目录

哈秋舲 勤奋工作 诚实为人 科学创新 感恩前辈……055

周维垣 春风化雨 海人不倦……049

钱七虎 用智慧筑造祖国的地下长城……035

于学馥 站在学科前沿 坚持开拓创新 不断推动岩石力学教育和学科发展……015

林俊德 春蚕到死丝方尽……001

郑颖人	我走过的60年岩土人生	063
傅冰骏	魂牵梦绕 情系岩石力学与工程	077
方祖烈	胸怀祖国 献身科学 为建设科技强国而努力奋斗	109
程良奎	在挖掘岩土潜能的道路上奋力前行	133
刘同有	为建设世界一流的中国『镍都』而奋斗	159
杨林德	在工程实践中不断攀登	169

林俊德
春蚕到死丝方尽

个人简介

  林俊德（1938—2012），男，福建永春人。中国爆炸力学与核试验工程领域著名专家、总装备部某试验训练基地研究员，西北核技术研究所总工程师。

  1960年毕业于浙江大学机械系，1993年晋升为少将军衔，2001年当选中国工程院院士。2018年9月20日，经中央军委批准，增加"献身国防科技事业杰出科学家"林俊德为全军挂像英模。2019年9月，追授"最美奋斗者"称号。

  林俊德院士是中国岩石力学与工程学会岩石动力学专业委员会创建人之一，岩石动力学专委会是他唯一加入的社会学术团体。

2013年2月，中国岩石力学与工程学会曾为激发广大岩石力学与岩石工程科技工作者的进取精神和创新意识，向广大学会会员发起向林俊德院士学习的倡议：

（1）要充分发挥先进人物的引领作用，掀起学习林俊德院士先进事迹的热潮。

（2）要向林俊德院士学习敢于拼搏、甘于寂寞的精神，激励广大科技工作者从中汲取奋发向上的精神动力，不断提升科技工作者的整体素质。

（3）向林俊德院士学习爱岗敬业、甘于奉献的优秀品德。以林俊德院士为榜样，努力学习新知识，掌握新技能，在科技工作者中形成爱岗敬业、奉献社会的良好道德和新风。

（4）向林俊德院士学习求真务实、严谨细致的工作作风。要放眼大局，立足本职，从我做起，以较高的思想境界、精神状态、良好形象，投身到岩石力学与工程各个领域的科学研究中，在各个方面创造一流，各项工作走在前面；坚持岗位实践、岗位成才、岗位奉献，努力在平凡的岗位上做出不平凡的业绩，创出新业绩。

2019年，在"弘扬科学家爱国奉献精神"的新形势下，继续介绍和传播林俊德院士的先进事迹既有现实意义又有深远影响。

林俊德是中国岩石力学与工程学会前常务理事，也是中国岩石力学与工程学会岩石动力学专业委员会发起人之一。2012年，他被选为"感动中国十大人物"，他的事迹也在社会上引起广泛关注。

一、令人潸然泪下的颁奖词

2012年，央视《感动中国》栏目给林俊德的颁奖词和事迹如下。

【颁奖词】大漠，烽烟，马兰。平沙莽莽黄入天，英雄埋名五十年。剑河风急云片阔，将军金甲夜不脱。战士自有战士的告别，你永远不会倒下！

【事　迹】林俊德，中国工程院院士、总装备部某基地研究员。入伍52年，参加了我国全部核试验任务，为国防科技和武器装备发展倾尽心血，在癌症晚期，仍以超常的意志工作到生命的最后一刻。林俊德的中学和大学都是靠政府助学金完成的。大学毕业后，他被分配从事核试验研究。由于核爆炸具有极大的破坏性，测量仪器研制一直存在很大难度。林俊德根据当时的实际情况，独立创新制作了钟表式压力自记仪，为测量核爆炸冲击波参数提供了完整可靠的数据。在之后40多年的科研旅途中，他先后获得30多项科技成果。2012年他被确诊为"胆管癌晚期"。为了不影响工作，他拒绝手术和化疗。5月26日，因病情突然恶化，他被送进重症监护室。醒来后，他强烈要求转回普通病房，他说："我是搞核试验的，一不怕苦，二不怕死，现在最需要的是时间。"林俊德住院期间，整理移交了一生积累的全部科研试验技术资料；多次打电话到实验室指导科研工作。极度虚弱的林俊德，先后9次向家人和医护人员提出要下床工作。于是，病房中便出现了震撼人心的一幕：病危的林俊德，在众人的搀抬下，向数步之外的办公桌，开始了一生最艰难也是最后的冲锋……直到心电仪上波动的生命曲线，从屏幕上永远地消失。这位军人，完成了生命中最后的冲锋。临终前，林俊德交代：把我埋在马兰。

马兰，一种在"死亡之海"罗布泊大漠中仍能扎根绽放的野花。坐落在那里的中国核试验基地，就是以这种野花来命名的。

△ 林俊德在病危期仍坚持工作

二、学会的骄傲

　　林俊德，1938年3月出生，福建永春人。1960年毕业于浙江大学机械制造专业。他长期从事空中爆炸冲击波、地下爆炸岩体应力波、爆炸地震波、爆炸安全工程技术、强动载实验设备与实验测量技术等研究工作。参加过众多重大国防科研试验任务，带领项目组解决了多项关键技术课题，荣获国家发明奖2项，国家科技进步奖2项，获二等以上省部级科技进步奖12项。1990年获国家人事部颁发的"有突出贡献的中青年专家"证书，享受政府特

△ 办公室中的林俊德

殊津贴。1993年晋升少将军衔。2001年当选为中国工程院院士。

林俊德是中国岩石力学与工程学会前常务理事，中国岩石力学与工程学会岩石动力学专业委员会发起人之一。他总是以一名普通科研人员的身份参加岩石动力学专委会组织的各种学术活动。有一次，会议在南京工程兵工程学院召开，会议组织者在登记代表名册时，发现他是将军军衔，一定要安排他到首长下榻处休息。林俊德微笑地对大家说，我就是普通一兵，与代表们住在一起，我们有更多的时间交流与互相学习。

三、从大山深处赤脚走来

从赤脚走出福建永春大山深处的那个贫穷青年到从事"惊天动地"核试验的工程院院士，林俊德走过的是一条非常单纯的人生路。新中国成立后，曾经因家境贫寒而辍学的林俊德，在党和政府的帮助下得以继续学业。从此，这个质朴的农家孩子就怀着一颗感恩之心刻苦学习，并把自己的命运和国家前途紧紧地联系在了一起。

"工作后，单位安排他在哈尔滨军事工程学院进修核试验专业。两年的紧张学习之余，他凭着初步掌握的英、俄两种语言，把图书馆里美、英、苏三国20世纪30年代以来有关力学和仪器方面的期刊全部查阅了一遍。"他的夫人黄建琴回忆道，"两年中，他连一场电影都没看过。"

"和老林生活了一辈子，我知道，在他心中，事业始终是第一位的，他

△ 1961年林俊德授衔证件照

把自己的一切都奉献给了核试验。"在黄建琴心中，相伴45年，"他去世前住院那一阵子，是我们俩在一起最长的一段时间"。

每天晚饭后，林俊德陪老伴散一圈步，然后老伴回家，他去办公室，工作到晚上。这就是林俊德的生活常态——即便是春节，他也只会让自己休息到大年初三。林俊德不打牌、不抽烟、不喝酒，除科研之外，别无所好，别无所求。

20世纪生产的老式显像管电视，他自己引了一根电线加一个灯管改造而成的房灯，一大三小四个沙发，完全不成套……走进西安郊区这个90多平方米的家，人们很难相信，这就是一位院士的家。

"沙发和床，都是他用包装箱拆下的木板做成的。"黄建琴说，老林就是这么一个普通的技术工作人员：一个公文包用了20多年，已分辨不清它原本的颜色；手表用得磨手了，就用透明胶带粘上继续用。

然而，生活中异常能"凑合"的林俊德，在工作中却始终恪守着一种异乎寻常的严谨。

在离开大学校门后的40多年中，林俊德的大部分时间是在新疆戈壁滩上度过的。1963年5月，他接受了研制测量核爆炸冲击波压力自记仪的任务，并担任组长。当时在反对美国、苏联的核垄断中，全国人民的民族意识很强，都想为中国人争口气，他说，自己上了7年大学，不就是为了学点本领干点事吗？这项研制工作只允许有1年多

△ 做实验的林俊德

的时间，工作条件又很差，他们只能日夜加班设计，加工时下车间跟班，实验只能因陋就简，终于按期完成了参试前的全部技术准备和考核工作，并参加了首次核试验。用林俊德自己的话说："为党和人民做事，是天经地义、天地良心。"

四、献身大漠　奋力攻坚

核试验基地在西北戈壁滩上，气候特别干燥，日夜温差大，夏天的地表温度有时达到70℃以上。那里没有房子，试验人员全住帐篷，10～12人住一顶，只有大约10平方米，吃的东西全是几百千米外拉来的。一车菜从产区拉到试验场区得2～3天，夏天时大部分菜都烂了，冬天只能吃冻菜。那里最大的生活难题是水，要取自20千米外的孔雀河。河名挺美，但水是苦的（含碱、硝）。在戈壁滩上，人体水分的蒸发量很大，但渴了还不敢多喝水，大量喝水后不仅肚子胀得厉害，还可能引起腹泻。那时的生活虽然艰苦，但林俊德和他的战友们豪情满怀，基地里充满了欢声笑语，大家亲密无间。由于生活保障困难，进场人员需严格控制，每个人的工作量都很饱和，仪器全是自己装卸。人人既是体力劳动者，也是脑力劳动者。核试验的技术工作要求极其严格，林俊德不论做什么都非常认真。周恩来总理提出要"严肃认真，周到细致，稳妥可靠，万无一失"，林俊

△ 中国第一颗原子弹、第一颗氢弹模型

德和参试技术人员一起，自觉地按照这一要求做。因为他们深深知道，核试验的特点是"一锤子买卖"，几年的准备工作就看那几秒钟的结果。

"为了拿到第一手资料，老师常年奔波在实验一线。凡是重要实验，他都要到现场，拍摄实验现象，记录实验数据。"林俊德的学生张博士说。每做一次实验，林俊德都建一个档案，就像病人的病历一样，几十年从不间断。同事、学生需要资料、数据，都能在他那儿很方便地找到。"老师的实验记录细致全面，令我们这些学生常感惭愧而敬佩。"

与林俊德共事20余年的同事们记得，20世纪90年代初，为尽快攻克爆炸工程技术的一个重大难关，年逾花甲的林俊德带着同事和学生们在办公楼附近挖了一个大土坑，每天爬上爬下做实验，冬天寒风刺骨，夏天闷热炙烤，一干就是300多天，经常一身土一身泥，大家都笑称他是"民工院士"。

基地的同事都知道，凡是涉及科研的事情，林俊德便十分"苛刻"和"无情"。他曾在干部推荐会上直言批评一位候选人急功近利的科研态度，也曾毫不留情地在答辩会上对自己的得意学生发难……他培养的研究生们都深有体会：在他这里读博士，平均要6～8年才能完成学业，拿到学位。

"他要我们作为学术助手和他一道探索前沿课题。"直到林俊德去世后才完成博士论文答辩的唐博士说，虽然老师连过年都不允许学生拜访，却是一位内心有大爱的人。

五、张扬正气　引领新人

林俊德有"三不"：不是自己研究的领域不轻易发表意见、装点

△ 林俊德工作照

门面的学术活动坚决不参加、不利于学术研究的事情坚决不干。

"参加学术评审会从来不收评审费,不让参评人员上门拜访。科研成果报奖时,他总是把自己名字往后排,不是自己主持的项目坚决不挂名。"基地政治部某领导如是说。2001年,在林俊德当选院士的那天晚上,一位老朋友代表某学院邀请他出任客座教授,给他建独栋别墅,付年薪20万,而且一年只去作一次报告即可。

类似这样跟自己学术无关的邀请,林俊德拒绝了太多次。

同样被他经常拒绝的,还有荣誉。基地曾经两次准备为林俊德申报全国先进和何梁何利奖,都被他婉言拒绝了。

"咱们花钱不多,做事不少。咱讲创造性,讲实效,为国家负责。"五十二载饱经戈壁风霜之苦,五十二载肩扛攻关攀登重任,林俊德对自己的一生深感欣慰,"我们这代人留下的不是痛苦的回忆,留下的是一种自信，一种自尊。"

林俊德的可贵之处，在于他淡泊名利、清白守正的高尚品格。一生隐姓埋名铸核盾，成就鲜为人知，林俊德最打动人的，是他的高尚品德：诚信、忠诚、敬业、正直、律己。他一辈子牢记党和人民的重托，鞠躬尽瘁，死而后已；他始终保持质朴的本色，求真求实、不图名利，为人师表、甘为人梯，展现出科学大家的风范，为后人树立了一座光照千秋的精神丰碑。

他的学生深情回忆：

"（老师）生病住院后，叫我们去拷贝资料，我们才知道，他给每个学生都建了一个文件夹，详细记录着每个人的技术专长、培养计划和施教方案，甚至师生间的交流讨论。"唐博士回忆，每个人从跟老师的第一天起，短的三四年，长的十几年，老师都详细准确地记录下了他们每个人的成长足迹。

"拷文件时，我们都忍不住哭了。"唐博士自己的博士论文，就是林俊德在生命最后3天中批改完的。这份130页、8万多字的论文上，留下了林俊德338个颤抖的笔迹，这也是他一生的最后手迹。

桃李不言，下自成蹊。如今，林俊德指导和培养的23名学生，多数都已成为基地科研试验的学术带头人或技术骨干。

六、战斗到生命最后一刻

林俊德是一位将军，又是一位院士，但他一辈子隐姓埋名，默默献身于祖国的科学技术事业。他在罗布泊坚守52年，参与了中国全部的（45次）核试验任务。2012年5月，他被诊断为"胆管癌晚期"，从确诊到死亡的27天时间里，他戴着氧气面罩，身上插着十多根管子，坐在临时搬进病房的办公桌前，对着笔记本电脑，一下

△ 中国第一颗原子弹爆炸成功

一下、一丝不苟地挪动鼠标……因为他知道，关系着国家核心利益的重要技术文件就藏在电脑里的几万个文件夹中。还有学生们的毕业论文，他们快要答辩了，不能耽误孩子们的毕业。

他意识到自己的时间不多了，一刻都不能耽搁。他放弃通过手术延长生命，选择了与死神争分夺秒，一小时、一天……一直拼到他生命的最后一刻。5月31日，林俊德病情再度恶化，生命进入倒计时！他9次要求、请求甚至哀求，希望医生同意他下床工作，他的家人实在不忍心他连最后这点愿望都不能实现，于是陪着他又坐在了电脑前！上午10点，已经连续在电脑前工作了2个小时的林俊德，颤抖地对女儿说："C盘我做完了！"他的手已经颤得握不住鼠标，眼睛也逐渐看不清东西，身旁的人们失声落泪，他们使劲捂住自己的嘴，怕被林俊德听到。夫人黄建琴希望他躺在病床上休息一下，他说出了最后的心声："我不能躺下，躺下了，就起不来了……"

临终前，林俊德唯一的心愿是回到马兰，回到他战斗、生活了一辈子的大漠戈壁。

在遗言中，他念念不忘的也是马兰："马兰精神很重要，艰苦奋斗、无私奉献，希望大家继承马兰精神，让国家、人民尊重我们。"

七、伟绩丰功　令我们永远怀念

在 40 多年的科研旅途中，林俊德和同伴先后获得 30 多项科技成果奖，其中国家科技奖 4 项，部级二等以上科技奖 11 项，荣立一等功、二等功各一次，获国家人事部颁发的"有突出贡献中青年专家"证书。1978 年 4 月，他被国防科学技术工业委员会（简称"国防科工委"，现工业和信息化部）授予"先进科技工作者标兵"，荣获国防科委首届学习雷锋、"硬骨头六连"先进代表大会、科学大会奖。1987 年 8 月 1 日，他被授予"中国人民解放军英雄模范"称号，光荣地出席了建军 60 周年英模代表大会。1990 年 3 月，共青团中央、共青团北京市委、中央国家机关团委在北京举行"奋斗者的足迹"首场报告会，作为全国 12 名由老中青三代优秀科学家代表组成的报告团成员之一，林俊德应邀作报告。1999 年 9 月 18 日，他应邀出席中共中央、国务院、中央军委在人民大会堂召开的表彰为研制"两弹一星"做出突出贡献的科技专家大会，受到党和国家领导人的亲切接见。

他用毕生的实践告诉我们，对事业的追求在于奋勇攻关、开拓创新的执着追求。事实一再证明，在国防科研领域，"外援"是靠不住的，尖端技术是引不来的。林俊德一辈子坚持走自己的路，在核试验技术领域自主创新、勇攀高峰，创造了一系列令世界瞩目的"中国速度""中国效率"。从初出茅庐的毛头小伙，到领军一方的科学大家，林俊德用一生的探索实践告诉我们：挺直脊梁，才能走出人生的精彩。

作为一名共产党员，林俊德也用毕生的实践回答了我们，不忘初心，始终保持对党忠诚、矢志报国的坚定信念。他始终爱党爱人民，把自己的命运与国家的命运紧紧地联系在一起，舍身报国，一生报国。回望我国"两弹一星"的发展历程，既有钱学森、邓稼先、朱光亚等元勋们鲜活的面容，更有无数像林俊德一样一辈子隐姓埋名的"无名英雄"。正是因为有了他们的无私奉献，我们的国防才更加稳固，我们的民族才更加扬眉吐气。

一朵怒放的戈壁马兰凋谢了。但在罗布泊这片写满传奇的大漠戈壁上，那曲人人皆知的《马兰谣》将永远传唱：

"一代代的追寻者，青丝化作西行雪；一辈辈的科技人，深情铸成边关恋。青春无悔，生命无怨，莫忘一朵花儿叫马兰……"

让我们努力向林俊德院士学习，冲锋在前，奋斗不止，为我国岩石力学与工程领域的发展和壮大做出应有的贡献！

张维整理撰写

于学馥

站在学科前沿　坚持开拓创新
不断推动岩石力学教育和学科发展

个人简介

于学馥（1919—2010），男，山东龙口人。岩石力学与采矿工程专家，中国工程岩石力学领域的创始人以及学科前沿开拓者之一，也是这一领域最早的教育家。中国地铁建设"暗挖"法的发起人、创建者、倡导者和积极推动者，采用"暗挖"法实施中国地铁建设的奠基人之一。

在国际岩石力学界，他首先提出"轴变论""岩石记忆"与不确定性科学决策理论，并曾为矿业界编制平面非线性有限元程序，为我国现代岩石力学与采矿科学理论的发展奠定了基础。20世纪80年代初期，他在理论研究与工程实践中建立了一套非均质、非连续介质理论，以现代数学、力学和计算机数值模拟分析为主的地下围岩稳定分析理论。随后，在大范围多学科交叉认识的基础上，在金川资源综合利用的项目上集数十年工程试验与实践的经验，提炼升华了全新的地下空间开挖理论。

曾任清华大学副教授，北京钢铁学院（现北京科技大学）副教授、教授、副系主任、代系主任，国际岩石力学学会成员，中国岩石力学与工程学会常务理事、教育工作委员会主任委员，中国煤炭学会岩石力学专业委员会副主任委员。1989年荣获国家科学技术进步奖特等奖。

于学馥
站在学科前沿 坚持开拓创新 不断推动岩石力学教育和学科发展

于学馥，1919年8月生于山东龙口，1934—1937年就读于北京市第一中学（高中）。抗日战争爆发后，于学馥从北京辗转来到甘肃天水，就读于查良钊创办的陇南天水国立第五中学，学校教师于课堂之中，授学生以做人之本、治学之术、报国之志，倡导科学与进步。秉承着"奋发报国"的想法，1939年于学馥高中毕业后考入国立西北工学院（现西北工业大学）采矿系。1944年毕业后在四川东林、湖南湘江、湖南中湘、辽宁阜新等地担任煤矿助理工程师、厂主任等职务。1948年后任国立西北工学院讲师，在校期间受中共地下党的影响，积极参加地下党组织的各项活动，参与保护地下党的同志，后在中共地下党的引领和介绍下，参加了中国人民解放军第一野战军第一兵团（王震领导的部队），并且参加了解放西安和咸阳的战斗。新中国成立后，于学馥重新回到教师岗位工作。历任山东大学、北洋大学（现天津大学）、北京工业学院（现北京理工大学）、清华大学讲师、副教授，北京钢铁学院（现北京科技大学）副教授、教授、教研室主任、副系主任、代系主任、院（大学）工会副主席等职。曾当选为北京市第一、第二、第三届人民代表，北京市政协第六、第七届委员会委员；民盟中央科技委员会副主任委员，民盟北京市委常委、科技委员会主任委员。曾任国际岩石力学学会成员、国际岩石力学学会中国小组成员、中国岩石力学与工程学会常务理事、教育工作委员会主任委员、地下与地下空间岩石工程专业委员会副主任委员、《岩石力学与工程学报》主编；中国核学会铀矿冶学会理事；《铀矿冶》学报编辑；中国煤炭学会岩石力学专业委员会副主任委员；中国科学院工程地质开放实验室学术委员会委员；中国科学院武汉岩土力学研究所开放实验室学术委员会委员；中国岩土工程研究中心学术委员会等顾问委员；中国地质灾害研究会地质灾害与防治学报编辑委员会委员；中国金属学会首届名誉理事；北京市地下铁道公司顾问；北京科技大学采矿奖学金管理委员会副主任委员；焦作矿业学院、包头钢铁学院名誉教授。

△ 中国岩石力学与工程学会第一届第二次理事会扩大会合影留念

△ 中国岩石力学与工程学会教育工作委员会一九八八年第三届年会合影留念

一、中国工程岩石力学教育事业的主要开创者

于学馥是中国工程岩石力学的奠基人与学科前沿开拓者之一，是北京钢铁学院矿业工程学科主要创建人之一。于学馥不仅是一位德高望重的岩石力学专家，更是一位有抱负、有远见的思想者和教育家。

在教育教学方面，20世纪50年代于学馥在北京钢铁学院首次创建并发展了岩石力学学科，开设了岩石力学课程。他采用由静力学结构分析向动力学结构分析发展的新理论对巷道地压规律进行研究，提出了"轴变论"理论，并应用于教学中。他为学生开设过：采矿原理、金属矿床开发、矿山测量、采煤学、物理探矿、支护工程、矿山安全、凿岩爆破、井巷掘进与支护、探矿工程、岩石力学、地下工程围岩稳定分析、采矿过程力学分析与计算、软岩层工程稳定分析、有限元在采矿中的应用等20余门课程。他的著作《地下工程围岩稳定分析》《岩石记忆与开挖理论》《岩石力学新概念与开挖结构优化设计》《现代工程岩石力学基础》，至今仍然是我国高等学校采矿工程和岩土工程专业研究生必修课程和博士研究生的重要参考书。他为我国采矿、岩石工程培养输送了大批高级科学技术人才，包括中国工程院院士2人，培养博士、硕士研究生50多名，还有大量本科生和矿山、科研等技术人员。1981年，于学馥被国务院评为全国采矿专业第一批博士生导师（全国仅2人）。

在科学研究方面，于学馥在学术思想中不断地变革，其主要表现为：科学思维方法的变革、认识与思维方法过程的转变。以科学方法为基础，重视技术方法的研究、重视微观研究与宏观研究相结合、重视结构方法研究与功能方法研究相结合，即以系统思维、反馈思维、不确定思维、全方位思维为基本思维，以交叉科学、横向和纵向综合科学与软件科学相结合的发展为理论，把自然作为一个时、空、能、质的统一体进行研究。运用"轴变论"理论推动了采矿和地下工程技术原理向动态研究的第一步。在20世纪80年代初期，形成了一套建立在非均质、非连续介质理论之上，以现代数学力学分析和计算机数值模拟分析为主的地下围岩稳定分析理论。同时，于学馥又在国际上首先提出了岩石记忆概念和岩石记忆与开挖理论，为解决工程施工因素计算奠定了理论基础；相继与系统论、控制论、突变论、模糊理论等新学科交叉，形成开挖系统控制理论体系与研究方法，使工程从静态确定性方法研究向动态非确定性研究发展。先后出版专著10部，在国内外发表论文及研究报告40余篇。几十年中，他先后运用"轴变论"理论参与解决了三峡地下工程设计问题；运用岩石力学和"轴变论"理论避免了一场严重的采场地压事故；处理了山西中条山胡家峪铜矿等地压事故问题；处理了云南易门铜矿大滑坡与滚石和东川落雪竖井破坏问题；处理了钨矿大面积岩层移动和冒落问题；解决了华铜铜矿海滨采矿和大孤山露天矿生产问题。20世纪80年代后，于学馥以"轴变论"为基础，运用地下工程围岩稳定分析、不确定性科学决策、岩石记忆等理论先后参加了国家"六五"和"七五"的攻关项目，解决了多年未能解决的"金川资源综合利用"中关于矿山攻关的难题，这为金川长期持续稳定生产并获得稳定经济效益创造了条件。他还参与解决云南锡矿山采空区处理的问题。同时还解决了在地下矿石必须开采的条件下，保护古矿井遗址完整无损的重大疑难课题。此外，于学馥在国内率先提出了在北京市地铁修建复兴门至西单段的地铁隧道和西单地铁站采用"浅埋暗挖法"的方案。在国内缺乏前人经验的情况下，他凭借自己的"黑箱—灰箱—白箱"的不确定性科学决策理论写出了详细的具有技术可靠性的报告，并向北京市政府作出保证。于学馥参与了该工程的全部决策、试验、施工技术方案的制定，招标、投标、定标直至建成验收和投入使用的全过程，并对15种不同

△ 于学馥于1989年荣获国家科学技术进步奖特等奖

结构施工方案做出了具有科学依据的定量比较。由于用"浅埋暗挖法"替代了原定的"明挖法",因此避免了建设八通线和建设天安门、东单地铁站时,给地表建筑物带来的严重损坏,起到保护历史古迹的作用。"浅埋暗挖法"等地下隧道的施工方法与"明挖法"比较,包含了许多现代的科学技术、岩石力学理论和地应力测量技术,进一步推动了地铁建设向现代化技术发展,为北京市和全国地铁建设全面深入推广"浅埋暗挖法"奠定了坚实的基础。

二、理论与实践相结合　不断开拓创新

于学馥进行科学研究所提出的科学理论与那些具有传承性理论研究的科技工作者不同。他以丰富的生产实践经验为基础,在科学研究中不断将生产实践中的认识与科学技术理论和哲学思想紧密结合,提出了许多前人没有涉及的新领域、新观点。他提出的理论可以指导许多行业的工程建设、灾害的预防、资源的开发,以及军事、港口、海港等工程的建设等。同时,他也将自己所提出的理论用于解决生产实践中的问题,不断地提出新问题、新理论,推动新的科学思想和理论不断发展。

1. 从"动态"的观点来认识巷道地压规律解决实际问题

早在20世纪50年代末期,于学馥就提出了"轴变论"的理论,比国外早18年。他运用这一理论,提出在地下空间塌落后改变高/宽轴比关系的动态岩石力学研究方法,该方法解决了很多地下工程结构设计的问题和矿山大型地压灾害事故。1958年,在长江三峡地下工程有关地下空间断面结构设计研究中(主要有大型地下导水洞,有高/宽轴比为60/39米的大断面结构),在国外专家指导下设计为

矩形，并与地应力的关系模糊。1959—1962年，于学馥参加了该项研究工作，他同北京钢铁学院（现北京科技大学）数学、力学教师及科研人员共同研究，根据"轴变论"理论，提出了《关于确定三峡地下大断面巷道断面形状尺寸的理论及方法的商榷》等三份研究报告，指出当岩体由于发生塑性变形而塌落时其最终的稳定形状为椭圆形，可用围岩稳定轴比规律来确定稳定的围岩轴比，纠正了国外专家的不合理的结构设计。1962年，在时任国家科学技术委员会副主任张劲夫的主持下，修改了由国外专家主持下的原方案。

此外，于学馥还基于他提出的"轴变论"理论的基本要点，说明地下空间的宏观破坏过程及其动态稳定平衡过程，并运用于解决实际问题，起到了显著效果。他提出的基本要点是：①从"动态"的观点来认识巷道地压规律，特别是采出矿石后的"采空区"，常常在经过一个垮落过程后长期稳定；②不是所有的巷道都会出现像太沙基和普罗托吉雅夫理论所说的垮落拱，调整围岩应力分布状态可以使巷道不被破坏；③巷道垮落后的稳定轴比（高、宽之比）是有规律的，它决定于地层原始应力（地应力）的分布状态。

1959年，于学馥带学生到七道沟矿实习，发现该矿在上部有日本时代大型"采空区"的条件下，对下部采用了上向打炮眼的留矿法。由于该方案是由苏联专家设计的，因此，矿山不敢停产和改变方案。于学馥立即亲自到该矿上级鞍山公司汇报，说明技术改进的方案和理由，得到鞍山公司的理解和支持，顺利地解决了这一问题，避免了事故的发生。1962年，于学馥去云南易门铜矿解决高山区滚石问题。到现场后发现不是单纯的滚石问题，而且是由于采矿引起岩层移动形成的大滑坡体。滑坡体已明显形成了"椅子圈"形状，开裂落差最大已达2米，说明滑坡体正处于运动状态，还会继续下滑，直到全部落下。这也是苏联专家设计的项目。由于山下有工业场地和生活区，情况紧急，于学馥建议立即采取各种安全措施并开始搬迁工作。5年后滑坡体滑落，所幸人员和设备及时撤离，无人员伤亡。同年，于学馥到山西中条山胡家峪矿，处理了采矿大爆破部分炮孔拒爆引起的采场地压事故。事故是由采用11段微差雷管拒爆引起的。工人不能进采场工作。于学馥采用在地压活动停止后，用大爆破法处理了这一问题。1973年，辽宁弓长岭铁矿发生大面积岩层移动的地压灾害，已停产两周，影响了鞍山高炉的正常生产。于学馥到鞍山后，经过研究发现该地压活动已处入衰减期，但仍有零星"采空区"在活动，于学馥采用胶结充填方案，顺利地解决了矿山的复工问题。

1981年，云南云锡松树脚矿"采空区"已发展到地表的生活区和工业场地，于学馥被派遣研究处理这一问题。该山山体陡立，地形复杂，表面上与采矿无关，实际上采矿崩落带已进入工业场地和生活区，必须监视底层活动状态，改变地下采矿措施，用新的滑坡研究手段勘察山坡岩层结构弱面情况，追索有利于山体滑移的构造，建立经纬仪观测线，用较高的精度观测井口一侧的水平移动量，预报山体滑移的可能性，并根据安全规程采取有效措施，防止滚石伤害，同时观察坑内覆岩冒落状况，封闭一些工程，从而取代用打孔探测"采空区"的方法监测山体滑移情况。

2. 开展不确定性科学决策方法研究解决疑难工程问题

科学统一是指哲学、人文、自然科学三大系统与自然、社会、经济、文化、思维等科学统一于一体的科学方法，这种科学决策方法能够超越1+1=2的确定性科学决策方法，进入 $1+1 \neq 2$ 的不确定性科学决策方法领域，这种不确定性科学决策方法的共同特点，是把时间、空间、物质、能量与信息统一于一体进行研究。于学馥将这种不确定性科学决策方法应用于地下工程技术中，并成功完成了北京地铁复兴门至西单段（特别是西单地铁站）施工方案的研究决策和文物保护项目湖北铜绿山古矿井遗址保护研究的决策以及金川镍矿工艺方案决策中。

（1）在北京市地铁复兴门至西单段的地铁隧道和西单地铁站的建设中，于学馥积极促成了北京市政府做出采用"浅埋暗挖法"进行施工的决策。北京地铁西单站属于国际上少有的跨度为21.9米，高为13.6米的超大型地下空间结构。地下管线密布，埋在长安街两侧和道路中心部位，有雨水、污水、上下水、电力、热力、煤气等九条管线埋在路北面，最大管沟为2100毫米×1500毫米，深5.5米；路南面埋有4条管线，最大管沟为1400毫米×600毫米，深3米；道路中轴线，埋有直径1640毫米的雨水管一条，深4米。地面又是市中心商业和交通繁华地区，因此在设计中困难较多，既要确保结构本身的安全可靠，又要考虑到施工方便，还要确保地下管线正常安全使用。在科学意义上，属于非线性干扰与被干扰复杂大系统，$1+1 \neq 2$的不确定性科学决策方法。

根据西单地区的实际情况和特点，以及国内外的施工先例，提出了四种备选方案："中隔壁法""单眼镜法""双眼镜法""双立柱法"。四种方法都是以管棚导管注浆或化学加固等辅助施工措施为前提。经评价"双眼镜法"为主方案，"单眼镜法"为备用方案。

1988年12月13日，由北京地铁建设指挥部做出"地铁西单车站东移，采用暗挖施工"的决定。地铁西单站成功的采用"浅埋暗挖法"修建成功，虽然地下管线密布，地上建筑林立、交通繁忙，但一切照常运行，并为北京市节省了当年财政收入的 1/10。于学馥也成为中国地铁建设采用"浅埋暗挖法"施工的奠基人。该段地铁隧道及地铁站的建成，为城市地铁日后纵横交错的发展提供了一种便利的施工方法，成为中国地铁建设里程碑式的工程。

（2）湖北大冶铜绿山古矿遗址保护是属于多学科复杂大系统的不确定性科学决策。于学馥根据有关部门的要求，参与了该文物保护项目的研究保护工作。

铜绿山古矿井已有三千多年的历史，出土文物有人面纹铜方鼎、编钟、青铜像尊，也有春秋时期采矿竖井、汉代矿井发掘现场、汉代采矿平巷、汉代井下盲斜井，保护价值很高。它是在露天采矿生产中发掘出来的。发掘出来的矿井设施及巷道支护、排水、通风、运输、提升系统完整，支护用的木材完好无损。同时，在遗址保护中，涉及"原地"保护还是"搬迁"的问题。为此，保护的问题扩大至人文、地理、自然环境、考古、文物保护、矿山生产等方面。

于学馥对铜绿山古矿遗址进行了保护性的研究，发现二三千年前的古文物得以保存到今天的古环境已经失去。此外，现实情况是，古矿井遗址正处于铜绿山矿体群中的重要部位，矿山生产必须进行，从而也就失去了它"原地"保存的根本条件，于是就提出了古矿井"搬迁"的保护性意见。

（3）1985年在国内外还没有进行过有关充填不接顶现象对采场稳定性影响方面进行过研究的情况下，在金川龙首矿不接顶充填采矿决策中采用了非确定性科学决策方法，对下向六角形进路胶结充填不接顶现象对采场稳定性影响进行了理论研究、论证和实施。实践证明，六角形采矿、空心砖式充填和充填不接顶的采矿生产问题，在1460中段对3/4和7/8充填的生产试验获得了成功，并正式投产。因此，研究方法是可行的，采矿方法是成功的，其成果是更大程度发挥了充填体的作用，节约了充填材料，保障了安全，也指出了应用条件和应用范围，出现了新的充填作用新概念，补充了安全规程的不足。

3. 运用新的思维方式和工程理论解决金川镍矿山关键技术

镍为战略物资，金川镍矿是世界第三大镍矿，该镍矿中包括锇、钯、钌、铂等稀有贵重金属。该矿自1965年开始开采，但在长达14年的时间里，主要矿体未能投产，主要原因有两点：一是金川地处高地应力地区，地层破碎，基建巷道前挖后修，每月进度仅为7米；二是金川采矿方案决策存在问题，国外有15家公司前来包工，提出多种方案，争论了多年，议而未决。在这一背景下，金川资源综合利用在1978年的全国科学大会上被列为全国三大资源综合利用基地之一，在方毅副总理兼国家科学技术委员会（简称"国家科委"，现科学技术部）主任的亲自组织领导下，国家组织了攻关研究。于学馥参加了金川资源综合利用科技攻关项目，历经15年（1978—1993年）取得了大量科技成果，有力地促进了金川的资源综合利用、科技进步和生产持续稳定的发展，并荣获1987年中国有色金属工业总公司授予的科学技术进步奖特等奖，1989年国家科学技术进步奖特等奖。

在金川资源综合利用的科学决策研究中，于学馥运用岩石力学新概念与开挖结构理论体系的新思维（为系统、反馈、非确定性、全方位思维），创造性地提出了采矿记忆过程决策技术，该决策技术的技术路线与研究方法的特点，是运用动态过程科学为主题的研究方法，解决采矿过程中时间与空间的变化问题；提出采矿开挖中岩石记忆问题，突破了采矿工艺过程中的研究难题。岩石记忆是指应力与时间的记忆，在采矿中同时有空间变化问题。决策不能忽视应力记忆历史问题，即现实的应力状态，不仅取决于现实，还取决于过去全部的应力状态。这个记忆是一种自组织现象，把采矿工艺过程和开挖应力空间路径记忆过程统一起来研究。岩石记忆有不同的记忆方式，一种是最终的变形状态，不仅取决于最后的应力状态，还和达到最终状态在应力空间中所经历的路径有关，另一种是与加载、卸载过程经历的时间和速率有特定的依赖关系。决策技术的主要工作方式——运用计算机进行计算试验，计算试验引用数学实验科学的研究方法。这种考虑时间、空间效应的决策新技术是创举性决策技术。

在金川龙首矿不接顶充填采矿决策中不仅采用了不确定性科学决策方法，更重要的是还把"采矿记忆过程决策技术"运用在了该矿对下向六角形进路胶结充填不接顶现象对采场稳定性影响进行理论研究、论证和实施。

在金川龙首矿生产中的应用属于特殊的采矿问题，难度很大，根据动态过程决策技术的论证，提出了"不满充填"（即充填不接顶采矿）采矿问题，始终贯彻的一个主要指导原则，是不刻意寻求力学模型和本构关系上的精密，而是致力于实际工程问题的解决。原因是，采矿是一个复杂的力学过程，其中包含若干不确定因素及其相互关联的影响。另外，大系统的不相容原理也表明，系统越大，系统处理时要求的精确度越高，所得到的结果的模糊程度也越高，因此强求本构关系的精确度是毫无意义的。所以，努力使研究结果紧密结合实际生产应用，所得结论力求明确、清晰，提出新的岩体稳定性判断准则，实现由一般数值计算结果的定性参考作用向定量指导作用的转化，提高计算的可预测程度。

同时，于学馥直接参与了金川镍矿二矿区各项影响生产问题的研究决策，主要有：二矿区主要基建巷道变形破坏严重，长期不能投产决策问题；二矿区开采方案决策中，通过计算试验做出最优决策方案问题；上向胶结充填法瑞典方案采矿过程中的生产决策问题；下向高进路胶结充填法采矿过程中的生产决策问题；VCR法采矿可行性决策问题；等等。

由于金川二矿区特殊的地质条件，属不稳固矿岩，岩层属流变体，因此贸然采用VCR法必然会出现重大问题，所以对它进行可能性研究和论证，即建立力学参数计算模型、计算分析开挖的力学效应、进行复杂的回采过程的稳定性分析、充填体中开采过程的稳定性分析。通过分析，认为金川采矿方法选择的基本原则是不能破坏整体矿体的完整，并采用充填法采矿，如果破坏这个原则，会出现大量丢矿和不保稳定安全的生产局面。研究认为，金川采用VCR法，必须对采场围岩加以必要的加固结构和防护措施，以及熟练的施工技术，嗣后一次性充填的工艺，才可使用VCR法的采矿技术。

喷锚支护在金川不良岩层中的应用决策。金川二矿区岩层属流变体，先期曾采用过喷锚支护，但遭到了失败，其原因是把流变体地压问题简单地视为传统松散体支护问题，应用以支撑为目的的支护原理来看待喷与锚的作用，忽视了地压活动规律。想要解决金川支护问题，必须注意先解决以下问题：必须摆脱传统支护原理和方法的约束，认清新奥法之不足；建立地应力是金川巷道变形破坏的根本作用力的基本概念，从研究围岩应力、抑制围岩变形改善岩石力学性质，减少物理—化学效应，是解决金川不良岩层巷道支护稳定的基本方法；确定岩体介质力学性质，采用开挖后立即支护，以保持岩体的完整性，应用围岩—支护共同作用原理，使二者有限度地协调变形，可以阻止松动地压的出现；金川不良岩层巷道，具有松动地压（采用松散介质理论处理）、流变地压（是应力与时间两个因素同时起作用，既要考虑减速流变又要考虑加速流变特点）、膨胀地压（消除或减少其力学与物理-化学效应）。对于三种不同的地压来源，采用不同的处理方法。为此，根据金川应力位移和塑性区特点，采用喷锚支护的要求是：立即支护，变松动地压为形变地压是金川的根本途径；在围岩形变过程中支护刚度必须适应围岩变形活动状态，以随同围岩同步变形而不失稳；注重两帮支护，控制顶底板塑性区发展，以使应力和位移向比较均匀的方向发展；加强软岩部位支护，促使喷层应力均匀分布；分次支护可减小喷层应力，以达到减小其弯矩和内应力的目的。从有限元分析来看喷锚支护有效地限制了围岩变形，减小了围岩的塑性区，可以避免引起岩石内摩擦角和黏结力下降，发生剪切破坏和围岩失稳。

金川"采矿记忆过程决策技术"，有效地应用于金川十数年。《中国岩石力学与工程·世纪成就》一书中，刘同有（教授级高工，原金川公司总工程师）所著的《金川矿山岩石力学研究的发展与成就》一文指出："20世纪80年代初以后在陈宗基院士指导下，中国科学院武汉岩土力学所等单位专家、学者开展的不良岩层巷道稳定性及控制技术研究；于学馥教授领导的北京钢铁学院的学者，多年进行的地下采矿工程稳定性研究和中国—瑞典关于中国金川二矿区采矿技术合作的试验研究等为代表的试验研究，是我国矿山最系统、最全面的岩体流变理论和工程实践研究的典范，实现了理论同实践的紧密结合。用流变的理论与方法、用系统论与动态观点、用试验—研究—设计、施工的程序，以现代计算分析技术与辅助设计以及引进国外先进的技术、设备等，解释和解决了矿山开采过程中的变形

△ 于学馥在金川矿区部分影像资料

地压等重大岩石力学问题，指导了金川矿山开采的安全生产，为金川矿山的稳产高产创造了条件。因此，才能形成20世纪末金川矿山的生产规模。"

于学馥教授的新思维和工程决策理论后来在三山岛、招远、新城、铜绿山、栖霞山等矿山决策和设计中也发挥了重要作用。

三、科学理论著述和成就

科学理论是能够被实践检验的真理，是能够指导实践活动的理论认知。于学馥所提出的科学理论是经过实践—认识—再实践—再认识的过程中产生的，它的主要成就表现在以下几个方面。

1. 轴变论——推动了采矿和地下工程技术原理由静态向动态研究的第一步

"轴变论"理论是20世纪50年代，于学馥在对地下巷道"地压现象"实际观察的基础上，根据已有弹性力学及岩石力学的成就，结合偏光试验提出的一个有关"地压问题"的理论，也是中国在地下工程软岩问题研究方面最早提出的理论。它是运用数学分析的方法，找出了巷道围岩应力分布的规律，并把一些"地压现象"作了理论性的解释。同时，在没有围岩应力计算公式的情况下，对圆形及椭圆形巷道，探索性地提出了计算公式，根据它可以求出围岩应力的性与量。由于巷道围岩应力的性量变化在很大的程度上取决于椭圆轴比与应力分布，所以控制巷道两轴之比，便可以控制巷道的稳定性（使不稳定的巷道成为稳定的巷道）。该理论在采场使用时也是正确的，因而具有重要的工程意义。为此，该理论在国际国内得到了公认，并应用在地下工程之中。

2. 地下工程围岩稳定分析——形成了一个围岩稳定和围岩压力理论分析新体系

地下工程围岩稳定分析是一套建立在非均质、非连续介质理论之上，以现代数学力学分析和计算机数值模拟分析为主的围岩稳定性分析理论，是20世纪80年代初期，于学馥以地应力为前提，根据围岩的弹性、塑性、黏性和存在弱面的特点，分别论述了围岩的应力、变形和破坏机理、稳定性验算和围岩压力计算及支护原理，形成了一个围岩稳定和围岩压力理论分析新体系。在一定程度上，指导了近十数年中国地下工程围岩稳定分析的工程实践。

3. 岩石记忆与开挖理论——工程岩石力学的新概念、新理论

20世纪90年代初期，于学馥在日本召开的岩石力学年会上，提出工程岩石力学的新概念、新理论——岩石记忆与开挖理论，立即在国际上得到了强烈的反响和高度重视。该理论是由岩石材料记忆理论和开挖过程稳态平衡机理及开挖系统控制理论简易分析方法三部分组成的统一的理论体系。

经过长期的科研实践和工程实践，于学馥首先发现岩石具有"记忆"这一特性，成为世界上发现这一自然规律的第一人，并为此在国际岩石力学界首先建立起了"岩石记忆"理论。他是从热力学理论入手，结合试验，证实由于岩石材料在工程过程中既有能量储存，也有能量耗散问题，这就产生了随时间而发展的应变。应变与应力会有不同步的现象，所以岩石材料滞弹现象的产生是应力感生系统内部结构或状态变化的结果，即岩石材料在工程和采矿过程中，对过去所有应力状态都具有记忆性，或者说，现实的应力状态取决于变形的整个以往的历史或路径。从岩石记忆方式来看，记忆有两种方式：一种是最终的变形状态不仅取决于最后的应力状态，还和到达最后状态在应力空间所经历的路径有关，但与加载卸载过程中所经历的时间长短无关；另一种记忆方式则与时间和变形速率有特定的依赖关系。他将该理论应用于我国科研实践和工程实践中，取得了显著成就，为我国现代岩石力学与采矿科学理论的发展又开辟了一个新的研究方向，奠定了新的岩石力学与工程理论发展的基础。

岩石记忆开挖理论则是研究开挖过程稳态平衡机理，是建立在岩石具有记忆的前提条件下的，开挖属事物科学概念内涵不确定的系统问题，是建立在非平衡热力学自组织理论基础上的理论，引用了非平衡热力学中一些基本概念，如开放系统、系统与环境、平衡态与非平衡态等，并引用了近代科学系统论、控制论、信息论、功能论、智能论、突变论、优化论、对应论、离散论和模糊论等方法学的理论，融合发展起来的理论。

岩石记忆开挖系统控制理论分析方法，是对开挖系统动态控制进行计算，必须能够反映出应力空间变化和时间效应。它是采用开挖系统理论结合岩石记忆智能计算方法计算所得到。岩石记忆智能计算方法，即运用岩石记忆智能与计算机的信息储存、记忆、思维与运用智能相结合，通过开挖系统功能的计算，寻求更合理的系统结构，对技术方案做出优化选择和更为合理的决策。

为此，岩石记忆与开挖理论突出了以下的思维模式：开挖系统是一个控制系统；开挖系统是由分层次的有序的协同系统构成；开挖系统是一个动态系统，系统规律具有不确定性；开挖系统的控制途径是反馈思维；开挖系统中具体问题的解决依赖于全方位思维。在整个学术思想体系中，"动态"是核心，系统思维、不确定思维、反馈思维和全方位思维的"大思维观"是方法论。该理论对我国的工程实践具有重要的指导意义。

4. "岩石力学新概念与开挖结构工程技术方案优化设计"的理论研究

该理论是在岩石记忆与开挖理论在国际、国内提出 5 年后经过不断的再深化认识，从非线性大系统运动稳定规律研究入手，考虑从静态、线性研究跨入到考虑物质、能量变化动态的宏观大系统非线性过程研究领域，把热力学引入传统岩石力学理论中，并通过计算机计算技术使之与现代科学的信息、系统、控制、智能、突变、模糊、耗散结构、协同等方法论相结合，形成的新理论体系。

该理论体系具体论述了岩石力学新概念提出的理论依据，即：岩石具有记忆性、开挖结构具有自组织机能、是非平衡热力学不可逆过程、简单材料力学与热力学理论的区别、运动稳定的规律等。

该理论体系的开挖工程技术方案优化设计，主要是针对开挖结构工程问题，它使工程从静态确定性方法研究向动态非确定性方法研究发展。这主要包括科学方法与技术方法的不同应用，强调技术方法的研究对象是特定的人和自然，必须更多地考虑时空关系和各种环境因素（包括自然和人文社会环境）的影响。地球的旋转运动及运动速度的变化，都会引起地层地应力的变化，因为它直接会引起开挖系统的稳定问题，地应力是一个具有相对稳定的非稳定应力场，应力在空间和时间上是非均匀应力场。同时，根据矿山生产情况调查，结合板块大地构造理论，地球旋转理论分析，提出了中国采矿及地下工程有关联的构造应力场范围，以行政区划分，大致可以把我国分为三类地区：①强构造应力区；②中等应力构造区；③较弱构造区。此外，开挖结构自组织、开挖系统结构与功能、非确定稳定计算、开挖控制的两种研究方法、结构优化设计、非优控制、开挖工程方案优化研究实例等均为该理论的重要组成部分。

5. 不确定性科学决策方法与科学研究新体系——是把时间、空间、物质、能量与信息统一于一体进行研究的新体系

不确定性科学决策方法与科学研究新体系是于学馥前后经过了40余年的科学研究与生产实践中总结发展起来的。

于学馥将不确定性科学决策方法与科学研究新体系引入工程岩石力学体系，形成系统具有自组织机能和自我调整的非稳定平衡运动过程，是时间-空间-物质-能量-信息5种参数统一于一体的决策计算方法。

注：本文资料主要取自《20世纪中国知名科学家学术成就概览·能源与矿业工程卷·矿业科学技术与工程分册》。

于山大、于靖萱整理撰写

钱七虎
用智慧筑造祖国的地下长城

个人简介

钱七虎（1937— ），男，江苏昆山人。中共党员，防护工程学家。

长期从事防护工程及地下工程的教学与科研工作，创建了我国防护工程学科，建成了国家重点学科、重点实验室和创新研究群体。系统建立了土中浅埋结构核爆炸荷载的相互作用计算理论、城市人防工程毁伤评估方法、防护工程抗高速、超高速钻地弹打击的设计计算方法和深部岩石非线性力学理论，研制出我国第一套空中核爆炸荷载模拟试验装置，研发出多种新型防护材料和系列高抗力复合结构。他在国内率先开展了深部非线性岩石力学基础理论，以及深部防护工程抗核武器钻地爆炸毁伤效应的研究，填补了深地下工程抗核武器钻地爆炸效应的防护计算理论的空白。他提出的防护工程建设转型、建设超高抗力深地下防护工程、战略通道桥隧并举、能源地下储备等多项发展战略建议，都被采纳实施。

1994年当选为中国工程院院士。曾任南京工程兵工程学院院长，总参科技委副主任，国际岩石力学学会副主席，中国岩石力学与工程学会理事长，中国土木工程学会防护工程分会理事长。2018年获国家最高科学技术奖。

2018年，防护工程专家、中国工程院院士钱七虎荣获2018年度国家最高科学技术奖。"这个奖是属于防护工程和土木工程全体科技人员的，是对我们过去成绩的肯定，"钱七虎既感到非常荣幸，又觉得责任重大，"以智慧筑牢地下长城，以心血铸就和平之盾，是我义不容辞的责任，也是我矢志不渝的心愿。"钱七虎在半个多世纪的科研岁月中，如同一名过关斩将的斗士，以偏向虎山行的魄力，为祖国的防护工程事业不断贡献着自己的力量。

一、青年时代埋下矢志报国的种子

钱七虎出生于1937年10月，那一年淞沪会战爆发，日本侵略者占领上海，血腥的战争逼迫邻近的江苏昆山人民流离失所，钱七虎就是在母亲逃难途中的一艘小船上出生的，因在家中排行老七，取名"七虎"。在抗日战争的枪炮声中，钱七虎度过了穷苦的童年，也在心中深深埋下了矢志报国的种子。

高中毕业时，钱七虎原本有直接选派到苏联学习的机会，但这时传来消息：国家急需一批军事人才，哈尔滨军事工程学院将在应届中学生中招收一批优秀毕业生。

一边是当时很多人梦寐以求的留学生涯，一边是使命召唤的家国责任，钱七虎毅然选择了后者。童年的成长历程让他明白，这正是报效祖国的机会。

1960年，从哈尔滨军事工程学院毕业不久的钱七虎又被选拔到苏联古比雪夫军事工程学院留学深造。留学期间，他废寝忘食地学习国外先进军事工程理论和专业知识，并以优异成绩获得工学副博士学位。1965年钱七虎学成回国，之后便开始了他为之奋斗一生的中国防护工程领域的科研与教学工作。

△ 1961年留学莫斯科古比雪夫军事工程学院

20世纪70年代，在中国西北人迹罕至的戈壁上传来一声巨响，一团巨大的蘑菇云在荒漠上空骤然升起……正当人们欢呼庆贺之时，一群身着防护服的科研人员迅速冲进核弹爆炸中心勘查爆炸现场，年轻的钱七虎就是其中一员。

钱七虎所进行的是一项全新的事业——核弹爆炸防护工程研究，这是一项开创中国核生化防护工程的崭新学科，其研究对象和测试方法在中国都属首次。"我有任务，走了。"在那些不分昼夜、紧锣密鼓工作的日子里，钱七虎和中国很多从事绝密工程的科学家一样，因为工作需要，与恩爱的妻子袁晖劳燕分飞了16年。"他的事业心很强，总是一门心思工作。"记者采访时，袁晖深情地看着身边的钱七虎说，"他信仰坚定，是真正的共产党人。"钱七虎则认为，"为了事业总得付出代价，况且与很多家庭相比，我们也算是幸福的了。"

正是秉持着这种"舍小家，为国家"的信念，经过数十年艰苦努力，钱七虎领导建立了中国现代防护工程理论体系，解决了核武器空中、触地、钻地爆炸以及新型钻地弹侵彻爆炸等若干工程防护关键技术难题，对中国防护工程各个时期的建设发展做出了突出贡献，为中国铸就坚不可摧的"地下钢铁长城"立下了不朽功勋。

在荣膺2018年度国家最高科学技术奖之前，钱七虎完成的重要科技成果，就已先后获得全国科学大会重大科技成果奖、国家科技进步奖、军队科技进步奖、军队重大技术贡献奖、何梁何利基金科学与技术进步奖等多项奖励。

二、潜心构筑"地下钢铁长城"

在钱七虎看来，如果说核弹是对付敌对军事力量锐利的"矛"，那么防护工程则是一面坚固的"盾"。

"防护工程是我们国家的'地下钢铁长城'，'矛'升级了，我们的'盾'就要及时升级。"基于此，为祖国设计打不烂、炸不毁的"钢城坚盾"就成了他奋斗一生的目标。20世纪70年代初，受命进行空军飞机洞库门的设计时，钱七虎为了找准原有设计方案存在的问题及其原因，专门到核爆试验现场调查研究。在核爆现场，他发现飞机洞库的防护门虽然没有被严重破坏，里面的飞机也没有受损，但是防护门发生了严重变形导致无法开启。

"门打不开、飞机出不去，就无法反击敌人。必须找出问题，进一步优化设计方案。"那个时候，飞机洞库门的相关计算均采用手算的方式，计算精度差、效率低且容易出错。钱七虎受命设计45米跨度洞库门，率先引入了有限元计算方法。

对于从未接触过计算机语言的钱七虎来说，

△ 组织教员研究讨论重大课题

巨型计算设备的操作手册无疑是一本"天书"。然而，让其他研究人员都出乎意料的事情发生了。钱七虎拿着这本"天书"，硬是把自己关在了房间里潜心研读，两天后，当他再次站在大家面前，说的第一句话是："可以上机操作了。"用了两天时间，他不仅看懂了操作手册，而且把程序都编出来了。钱七虎的同事们纷纷向他投来敬佩的目光。

接下来，为缩短防护门的启闭时间，钱七虎创新提出使用气动式升降门方案。不过，面对厚重的大型防护门，试验一次次宣告失败。怎么办？钱七虎毫不气馁，"气动试验做了几十次，用了整整一年时间。失败了总结一下，就接着准备下一次试验，每一次试验过程都是学习提高的过程。"失败是成功之母。历时两年多，钱七虎率领团队终于成功设计出当时中国国内跨度最大、抗力最高的飞机洞库防护门。那一年，他38岁。

战场上，"矛"与"盾"总是在攻防对抗的进程中不断碰撞出新的"火花"。随着侦察手段的不断更新、高技术武器与精确制导武器的相继涌现，防护工程也常常面临"藏不了、抗不住"的窘境，特别是世界军事强国开始研制精确制导钻地弹，给防护工程造成巨大威胁和挑战。

为积极应对挑战，钱七虎决定进军抗深钻地武器防护的系统研究。他率领团队通过研究已解密公开的苏联地下核试验等大量资料，经过近千次细致的推导计算，创造性地提出建设深地下防护工程的总体构想，并开始艰难地付诸实践。

功夫不负有心人。经过十多年的研究，钱七虎率团队攻克了一个又一个难关，构建了破碎区受限内摩擦模型，研究了地冲击诱发工程性地震的不可逆运动规律和深部施工灾变孕育演化机理，为抗钻地核武器防护工程的设计与建设提供了理论依据,也为中国战略工程装上了"金钟罩"。

钱七虎指出,《孙子兵法》讲"善守者,藏于九地之下",信息化战争中,伪装和防护不是"无能为力",而是要走综合防护、土木工程防护与信息化防护相结合的路子。"作为一名军队的科学家,科技强军、为国铸盾,是我的毕生追求,也是我的事业所在、幸福所在。"钱七虎用毕生的心血谱写着中国防护工程的华美乐章。

三、前瞻性提出地下空间开发利用

从军60多年来,钱七虎为军事防护工程做出杰出贡献的同时,也一直关心、研究国家的建设发展,推动科研成果服务国计民生。他认为,只有把个人理想与国家的需要、民族的前途紧密联系在一起,才能有所成就、彰显价值,这也是一名科学家必须具备的情怀和担当。

1992年12月,因建设珠海国际机场的需要,钱七虎主持被誉为"亚洲第一爆"的炮台山爆破任务,这个项目至今仍保持着世界最大条形装药工程爆破当量的纪录,也开辟了中国爆破技术新的应用领域,成为服务于城市快速建设发展的范例。

2010年5月,南京长江隧道历经5年建设后全线通车运营,作为长江上隧道长度最长、盾构直径最大、工程难度最高的工程之一,担纲专家委员会主任的钱七虎被授予"南京长江隧道工程建设一等功臣"。但这成功的背后还有很多不为人知的故事。

钱七虎预见到长江复杂的地质情况将会加速盾构机刀具的磨损,于是,他向德国厂家提出建议,将刀具由带压下换刀改良为常压下换刀。"不能完全依赖外国,要靠自己,才能创新,才能进步,才能超越。"对钱七虎来说，这个攻关项目犹如在刀尖上行走。他要求现场施工人员以如临深渊、如履薄冰的心态来对待项目建设的每一个环节，每一刻都不能放松。

2008年8月，当盾构机掘进第659环时，突然停止工作。钱七虎一直担心的事情还是发生了。"后来，我们改进了刀具，我们中国人自己改进了刀具。刀具改良后性能大幅（度）增加，由之前每把刀具平均掘进20米的极限提升为200米。"钱七虎至今回忆起来仍满怀自豪。

在建设港珠澳大桥的海底隧道时，钱七虎综合考虑洋流、浪涌、沉降等各方面因素，提出合理化建设方案。作为多个国家重大工程的专家组成员，钱七虎还对南水北调工程、西气东输工程、能源地下储备、核废物深地质处置、地下施工盾构机国产化等提出切实可行的决策建议，并多次赶赴现场提出关键性难题的解决方案。

针对当前城市地上空间利用远远跟不上人口增长，拥堵和污染让人们患上"都市焦虑症"的现状，钱七虎前瞻性地提出，未来城市的发展必须要充分开发利用地下空间。

"19世纪建了很多桥在地面上，20世纪在地面上修了很多高层建筑，那么21世纪我们要注意开发利用地下空间，所以21世纪将是地下空间开发利用的世纪。"早在21世纪初，钱七虎就预见到，未来城市的发展将会是新型的多元城市空间，并在全国"两会"上提交了城市发展向地下延伸的提案。

钱七虎还进行了城市地上、地下空间一体化规划的理论体系和实践探索，先后参与组织编制全国20多个重点设防城市的地下空间规划。他主持了北京、深圳、南京、青岛等几十个城市地下空间规划的评审，提出要大力开发利用地下空间，倡导在特大城市建设城市地下快速路和地下物流系统。

在雄安新区建设规划的相关会议上，钱七虎用全局的长远的眼光审视这座即将崛起的新兴城市，建议大力提倡综合管廊与地铁建设、地下街道建设和地下快速路建设相结合，从而降低建设成本，减小社会干扰，避免重复建设和投资。

不仅如此，钱七虎还结合自己的研究成果，建立了中国第一套"城市核毁伤效应"与"防护工程毁伤分析"等理论模型和方法，并主持制定中国首部相关防护标准，已在全国60多个大中型城市的毁伤分析中广泛应用。

四、甘为人梯　培育英才

在陆军工程大学的校园里，钱七虎的和蔼可亲给师生们留下深刻印象。然而，提起师从钱七虎的经历，很多学生觉得是"痛苦而有收获的煎熬"，因为经常会受到批评。对于学生的论文，钱七虎总是不厌其烦，逐字逐句推敲。他常说："我要是哪一天不批评你们了，就是对你们失望了。"

一位钱七虎的得意弟子回忆说，在导师的严格要求下，自己的论文先后做了多次大调整。1996年，当他把第7次修改完成后的博士论文交

△ 2013年，获聘国际岩石力学学会学士

给钱老时，恰逢钱老要动身去北京参加全国"两会"。半个月后，学生从钱老手里拿回自己的论文时，发现上面写满了密密麻麻的小字，从观点、公式到表格、数据，200多页的论文几乎每页都有增减和修改……

钱七虎的另一名学生至今还清楚记得，自己1991年攻读博士时，导师已是正军职的学院院长，日常工作非常繁忙，但是仍然坚持给研究生上课。白天会议活动多，没有整块的时间，就经常利用晚上上课。一直到现在，耄耋之年的钱七虎仍然坚持亲自授课，亲自指导选题、撰写论文。

钱七虎常常告诫学生们，要积累学科发展后劲，必须重视培养人才梯队。数十年来，他创建的中国防护工程学科和人才培养体系，已培养出一大批优秀人才。面对一项项世界级国防工程的防护难题，钱七虎带领团队迎难而上，先后成功研制出中国首套爆炸压力模拟器、首台深部岩体加卸荷载实验装置，并攻克困扰世界岩体力学界多年的十余项关键技术。

"把更好的机会留给年轻人。"2009年，担任国际岩石力学学会副主席的钱七虎，主动放弃自己被提名的机会，力挺中国年轻学者冯夏庭出任该学会主席。在钱七虎的全力支持与协调下，冯夏庭成为半个世纪以来担任国际岩石力学学会主席的唯一一位中国专家。

多年来，在钱七虎领军的团队里，70%的科研项目由年轻人担纲完成。在他的不懈努力下，中国岩石力学与工程学会首次赢得国际岩石力学学会成立半个世纪以来的大会主办权，在国际岩石力学学会现有的9个专业委员会中，有5名中国学者担任主席。

如今，钱七虎团队打造的爆炸冲击防灾减灾国家重点实验室，已形成功能齐全的爆炸冲击防灾减灾科研平台，发展成为实力雄厚的科技创新和人才培养基地。

五、打造世界一流的科技社团

钱七虎于1998年11月开始,担任中国岩石力学与工程学会第四届理事会副理事长,2003年3月至2012年10月,担任学会第五届、第六届理事长。2012年10月后,经中国科协批准,学会试行"双理事长制",钱七虎又是"双理事长"之一。这期间(2003年9月至2007年),他还担任国际岩石力学学会副主席。目前他还担任国际地下空间联合研究中心理事、国际地下物流研究中心理事以及中国岩石力学与工程学会监事长。

自2003年担任学会理事长以来,他带领广大会员努力工作、奋力拼搏,正确把握学会发展重要机遇,开拓创新,使中国岩石力学与工程学会成为国内外极具影响力的优秀社会团体,成为推动我国岩石力学与工程科技进步的一支重要力量,在国际岩石力学界也起着举足轻重的作用。国际岩石力学学会前主席 J. A. Hudson 教授曾说:"无论是理论岩石力学,还是地面、地下岩石工程,中国正在引领全世界。"

岩石力学与工程是一门新兴学科,具有边缘性、交叉性、综合性等特点,涉

△ 钱七虎院士在2019年中国岩石力学与工程学会秘书长沙龙讲话

及国家基础设施建设的各行各业。钱七虎始终站在学科发展前沿，发挥引领和旗帜作用。

为推动学科发展，钱七虎担任首席科学家，组织学会在一线工作的知名专家、教授，撰写了国内外首部《岩石力学与岩石工程学科发展报告》（简称《报告》），对我国岩石力学与岩石工程近年来研究的新进展、新成果、新观点、新见解、新技术、新方法等作了系统总结，对学科发展现状、动态和趋势作了分析，并与发达国家在同一领域的研究工作状况作了对比，对学科发展前景作了展望，还对学科的进一步发展提出了策略和建议。《报告》在岩石力学与岩石工程学科发展史上具有重大意义，在国内外产生了很大影响。

他带领学会发挥跨部门、跨行业、跨地区、智力密集的优势和智库作用，在决策咨询方面做出了巨大贡献。如对锦屏二级电站工程安全性对策分析，最终提出了解决工程实际问题的咨询报告，对保证工程安全和顺利施工，起到了重要作用。

汶川地震后，学会组织专家对汶川大地震工程震害进行了广泛深入的调查研究，并形成了《汶川大地震工程震害调查分析与研究》的专题报告。在此基础上，钱七虎牵头提出了两份重大决策建议：一份是"汶川地震灾区重建的若干建议"，中国工程院以"工程院院士建议"正式呈报给中共中央、国务院有关领导；另一份是"纪念汶川地震一周年抗震减灾专题学术讨论会灾区恢复重建若干建议"，该建议呈报给四川省人民政府，对防灾减灾、震后重建等具有重要意义。

此外，钱七虎还针对山区城市建设中地质灾害频发问题，针对"土地紧缺、交通拥堵、污染严重、能源浪费、防灾能力差"等日益突出的问题，牵头撰写了多份建议，为国家经济建设的发展建言献策。

钱七虎特别注重利用学会的学术平台锻造新生力量,在他的领导下,学会成功举荐了大批岩石力学与工程领域人才。其中有中国工程院院士(2名)、中国科学院院士(1名)、"全国优秀科技工作者"(5名)、国家自然科学基金创新研究群体(1个)、"国家科学技术奖"(5项)、"光华工程科技奖"(3项)、"中国青年科技奖"(5人)。

一流的科技社团应该拥有一流的学术期刊,学会主办的《岩石力学与工程学报》,钱七虎为名誉主编;学会主办的《岩石力学与岩土工程学报》(英文版),钱七虎为主编。为把这两个"学报"办成精品期刊,他花费了大量的精力和心血。特别是英文刊,他不仅自己带头写文章,还亲自出面组织相关专家撰写论文,解决了办刊初期稿源不足的瓶颈问题,使英文期刊得以顺利发展。2019年,该刊

△ 钱七虎院士在"学习钱七虎院士先进事迹报告会"上讲话

跻身 SCI，成为该领域真正具有国际影响力的期刊，并成为引领学科发展的重要平台。

钱七虎经常激励学会的各级领导和办事机构人员，要走进会员中，倾听会员们的建议和诉求，更好地为广大会员服务。在学会的组织建设、国际交流与合作、学术活动品牌化、青年人才培养、党建强会等方面，钱七虎无时无刻不发挥着理事长的领导力和影响力，学会今天发展的每一步，都离不开他的指导与教诲。

正因为此，2005 年，中国岩石力学与工程学会获得中国科协颁发的"先进学会奖"；2007 年，获得中国科协颁发的"会员工作先进奖"；2010 年，获得中国科协全国学会统计工作一等奖；2011 年，获得"全国科协系统先进集体"称号；2012 年，获得中国科协学会能力提升专项——优秀科技社团二等奖。所有这一切，都浸透着钱七虎对学会的关爱与亲情。

从学会理事长岗位卸任后，钱七虎又担任了中国岩石力学与工程学会的监事长，继续关注和培育科技社团的健康成长，为学会早日实现国际一流学会的目标保驾护航。

老骥伏枥，志在千里。展望未来，钱七虎已将目光瞄准在更高的领地，决心用毕生的精力为实现中华民族伟大复兴的中国梦而奋斗！从此岸到彼岸，正如他长达半个多世纪的科研之路，没有捷径，只有坚持。当被问及为何耄耋之年仍在科研一线奋战，将自己的一生都奉献给科学时，钱七虎的回答很简单：科学是一个美好的事业，这是我的幸福所在。

张维整理撰写

周维垣
春风化雨　诲人不倦

个人简介

　　周维垣（1928—2018），男，河南开封人。水工结构专家，中国高坝岩石力学奠基人之一，中国岩石力学教育家及学科前沿开拓者。

　　长期投身于高拱坝稳定性研究，深入探索了大坝地质力学模型试验技术，并对材料试验理论、材料相似理论、数据量测理论等进行了系统创新。提出了高拱坝的 K1，K2，K3 稳定指标系列，其主要成果已编入水利、电力行业标准，对我国的特高拱坝建设做出了巨大贡献。我国岩体结构数值模拟领域的开拓者，建立了三维有限元弹塑性、断裂损伤仿真破坏设计方法，并在我国首先引入无网格数值方法。推出高坝结构细观开裂模型及宏观破坏路径搜索法，探求结构随机安全度。用细观损伤力学引入有限元数值模拟节理岩体的本构弹塑性力学关系，开创节理岩体的数值模拟力学方法，应用于锦屏、溪洛渡、拉西瓦等 300 米级高拱坝坝肩稳定分析。此外，著有《高等岩石力学》《拱坝坝肩岩体稳定计算分析》《岩石力学数值计算方法》等专著，发表论文 220 余篇。其主编的《高等岩石力学》成书 20 多年来，在水利水电、采矿、交通、铁道、国防等领域的岩石力学科研教学中发挥了很大作用，被引用 1000 余次，影响力长久不衰。

　　曾任清华大学第一届党委常委、组织部部长，水利水电工程系教授；中国岩石力学与工程学会常务理事及数学物理模拟专业委员会主任、国际岩土计算机技术进展学会（IACMAG）理事、《岩石力学与工程》学报副主编等。曾获 1992 年国家科学技术进步奖一等奖，2005 年在意大利都灵国际第 11 届国际岩土力学计算方法与进展学会上，获"卓越贡献奖"（国内学者首次获此殊荣）。

周维垣是我国岩体结构数值模拟领域的开拓者。他推出高坝结构细观开裂模型及宏观破坏路径搜索法，探求结构随机安全度；用细观损伤力学引入有限元数值模拟节理岩体的本构弹塑性力学关系，开创节理岩体的数值模拟力学方法；在我国首先引入流形元法和无网格数值方法，应用于锦屏、溪洛渡、拉西瓦等300米级高拱坝坝肩稳定分析；提出渗流的多重网格，分析小湾及拉西瓦拱坝的裂隙岩体渗流场，推出渗流场与应力损伤场耦合模型；建立塑性局部化多重屈服面模型，多尺度屈服面效应，对于高梯度开裂计算做了分析。研究成果获得2007年教育部自然科学奖一等奖。

△ 周维垣先生在二滩拱坝工地

周维垣著有《高等岩石力学》《拱坝坝肩岩体稳定计算分析》《岩石力学数值计算方法》等专著，发表论文220余篇。其主编的《高等岩石力学》成书20多年来，在水利水电、采矿、交通、铁道、国防等领域的岩石力学科研教学中发挥了很大作用，被引用1000余次，影响力经久不衰，是我国岩石力学的奠基之作。2005年在意大利都灵国际第11届岩土力学计算方法大会（IACMAG）上，周维垣获得"卓越贡献"奖，这是我国学者首次获此殊荣。

周维垣天分很高，勤奋好学，社会责任感极强。1947年，他进入清华大学后，被社会主义、共产主义等救国图存的理论所深深吸引，他通宵达旦地阅读相关读物并和同学交流，迅速在同学中展现出深厚的理论功底和卓越的组织能力，不久就成为清华大学地下党组织的核心人物，后来还成为新中国成立后清华大学的第一批领导核心之一。他的理论底蕴深厚、阅历丰富，对事物总有独到的见解，他求真务实，在大是大非面前敢于直言。从领导岗位退下来后，又从事拱坝整体稳定性方面的科研工作。周维垣坦然面对从一个大学领导到科研工作者的身份转变，靠着自己的天分、勤奋、责任感，使他在任何领域都不会归于平凡。在此期间，他钻研了拱坝地质力学模型试验技术，自学了有限单元法。那时的拱坝规模都不大，模型试验技术、有限单元法也很简陋，但对周维垣来说，这已经足够了。20年的沉寂与辛勤耕耘成就了周维垣在20世纪80年代中期以来科研事业的辉煌，那时他已经60岁了。

20世纪80年代中期是我国高拱坝从100米向200米乃至300米高度跨越的关键阶段，但全国水利工程界的经验、理论、方法都严重不足。周维垣和设计部门紧密合作，在特高拱坝科研及重大设计决策方面做出了重大贡献，包括二滩、小湾、溪洛渡、拉西瓦、锦屏一级等特高拱坝，有力地推动了我国特高拱坝的发展，他也成为国内高拱坝稳定首屈一指的大专家。周维垣善于在一堆复杂的问题中找出问题的关键，并提出可行性的解决方案，他兼具科学家和工程师的眼光，提出的 K_1，K_2，K_3 拱坝变形稳定指标系列可谓这方面的经典之作，也是对拱坝设计理论的一个重要突破。现在世界排名前几位的特高拱坝都在中国，周维垣功不可没。除地质力学模型试验外，周维垣也非常关注基于非线性有限元法的拱坝稳定性判据，他多次和殷有泉、卓家寿先生讨论结构体系的二阶变分稳定判据，而这方面的讨论促使笔者提出变形加固理论，在一定程度上解决了这个问题。国家电力公司成都勘测设计研究院总工王仁坤说："在各种拱坝咨询会上，周先生的发言总是成为大家讨论的焦点，最终他的意见还总是被采纳。"王仁坤感佩周先生的渊博学识，师从周先生读了博士，后来成为国家设计大师。

20世纪80年代中期，有日本学者将损伤力学应用于模拟裂隙岩体，这一信息被周维垣敏锐捕捉到了，他意识到这是一个岩石力学学科的重大发展方向，在此后一年多的时间里就指导他的硕士生吴澎完成了这方面的硕士论文，在国内岩石力学界产生了重大影响，吴澎后来也成为国家设计大师。随后杨延毅和笔者分别在细观力学和非平衡热力学的角度也开展了这方面的研究，形成了一个系统性的研究方向和系列成果。这项研究获得了中国岩石力学与工程学会首个自然科学奖特等奖，由此发展形成的损伤理论框架被写入了国际连续介质力学教科书。

2010年，周维垣以《岩体工程结构的稳定性》为题作"陈宗基讲座"，这是中国岩石力学与工程学会的最高学术荣誉。周维垣的演讲，获得全场雷鸣般的掌声，不忘初心，学生时期形成强烈的社会责任感和激情从未离他而去！

周维垣先生90寿辰座谈会于2017年11月19日在清华大学甲所隆重召开，这时已是他进入清华园的第70年了。中国岩石力学与工程学会理事长冯夏庭教授，中国土木工程学会土力学及岩土工程分会理事长张建民院士，周维垣的学生吴澎、王仁坤等到会致辞，他们高度评价和肯定了周维垣先生的学术地位和贡献。座谈会上，周维垣以他惯有的风趣豁达的风格畅谈了自己跌宕起伏的传奇人生和感悟。一年后，周维垣与世长辞。

△ 周维垣先生 90 寿辰座谈会

　　周维垣满怀对祖国深深的热爱和强烈的民族责任感，为祖国的科学技术与高等教育事业倾尽心血。他见微知著、推陈出新的大师风范以及他非凡的学术洞察力和感召力，深刻激励和影响了众多学界后生，而今他的许多弟子已成长为学术界和工程界的栋梁之材。周维垣先生的音容笑貌将长留在他的弟子们的心中，成为伴随他们一生的最珍贵美好的记忆。

杨强撰写

哈秋舲

勤奋工作　诚实为人　科学创新　感恩前辈

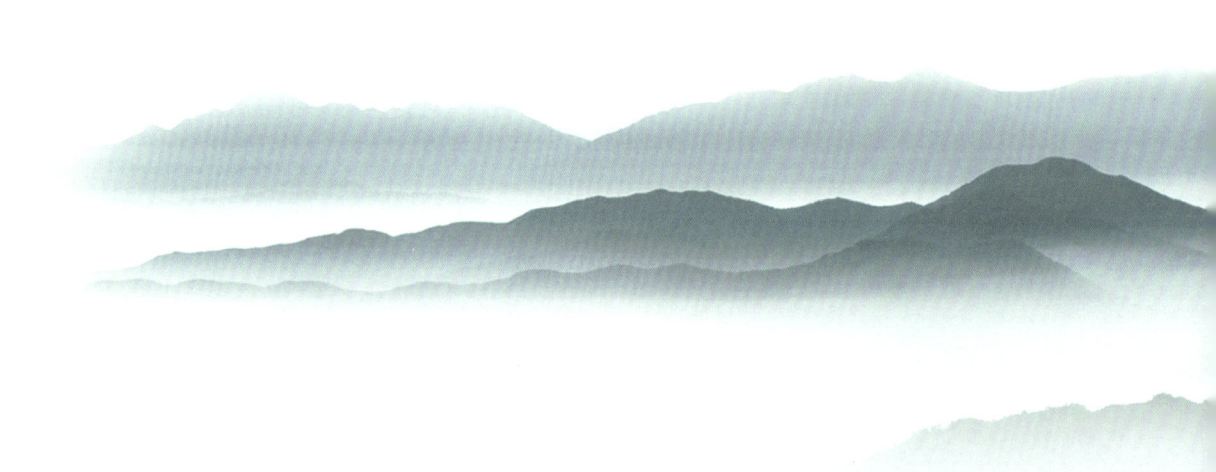

个人简介

哈秋舲（1932— ），男，江苏南通人，中共党员。水利水电工程专家。

1958年以优异成绩毕业于苏联莫斯科水利工程学院，获得红字优秀毕业证书。回国后，先后参加和主持多项水利水电工程建设，足迹遍及黄河、雅砻江（三线建设）、白龙江、滦河、长江等，辗转战斗在生产第一线近半个世纪之久。曾应邀参加多个水电、铁路、公路、空港、矿山、海港、军工工程等重点工程的审查和咨询，以及建筑材料、施工设备、观测仪器的研制工作。1995年主持国家"七五"科技攻关项目时率先提出卸荷岩体力学的研究，据此在主持国家"八五"科技攻关项目及"三峡水利枢纽工程几个关键问题的应用基础研究"重大项目期间，形成完整的体系，研究成果深受国内外同行关注，并应邀赴中国香港和台湾地区，以及土耳其、挪威、巴西、加拿大等地讲学或进行科技交流。将钱学森提出的系统工程理论应用于三峡工程管理。

曾任水电部第五工程局总工程师、三峡工程筹建处及中国三峡工程开发总公司首任总工程师，党组成员，全程参加了三峡工程论证工作，任施工组专家。曾任国际岩石力学学会中国国家小组（NG China ISRM）主席、第二届中国岩石力学与工程学会副理事长、湖北省长江链子崖危岩体防治指挥部副指挥长、中国人民政治协商会议第八届委员会委员（科技界）。曾任重庆大学、河海大学、武汉大学等高等院校的兼职教授及重庆大学博士生导师。曾获甘肃省第三届先进生产者称号，并参加了新中国成立十周年国庆劳模大会。荣获建设部1999年科学技术进步奖二等奖，获奖项目：长江三峡工程永久船闸边坡卸荷岩体力学研究系列专著。1991年荣获国务院颁发的政府特殊津贴证书。

我退休多年，已是耄耋老人，想的多，写的少。现在梳理几个重要节点，检查以往的学习工作，估计大体也可行，有《哈秋舲论文集》可作参考。

一、第一次参与大型水电站工程建设

20世纪50年代，我在苏联莫斯科留学学习，成绩全部优秀，获得红字优秀证书。1958年回国后，我被分配到黄河上游某水电站工地，担任混凝土工区公务组组长，接受了工程实践的洗礼。

该工程石方开挖70万立方米，混凝土浇筑50万立方米，没有大型施工设备，全部人工作业。在条件十分简陋的情况下，从工程筹建到建成发电仅历时3年（1958.8—1961.11），真是奇迹般的伟大工程。

该工程为某核工厂备用电源。白天我在施工工地，晚上则做一些临建工程设计，如：水、电、路、桥等，包括在黄河，设计大跨度人行吊桥（跨度240米，在严重缺乏材料的条件下完成）。我也因此获得甘肃省第三次省先进生产者奖（当时甘肃报刊登名字错登为哈秋仓），并因此参加了新中国成立十周年国庆劳模大会。晚上学习，白天当施工员，后去三线工作，在类似的环境条件下，我工作了近20年。对于那时的我来说，理论研究是不可奢望的幻想，所以现在，我仍然愿意在假日做些研究工作。

二、被任命为水电五局总工程师

当年的工程技术水平不是很高，经常遇到一些工程难题和事故，不得不深入研究处理。1978年科学大会的召开标志着我国科学春天的到来，我被任命为水电五局总工程师。主持召开了本局科技报告会，邀请多家科研出版单位出席，技术人员积极参加，活跃了工程局的学术气氛，提高了技术人员的技术素质。

三、提出千枚岩隧洞围岩各向异性岩体稳定分析的力学模型

根据甘肃碧口水电工程左岸泄洪隧洞的地质条件为薄层千枚岩的特点，研究了该隧洞边墙塌方事故原因，提出了各向异性地质隧洞围岩稳定的力学模型，成功地采用锚索，对该隧洞岩体稳定进行了有效的支护处理。

四、获水电学会中青年优秀论文奖

高速水力学中混凝土不平整度要求标准，国内外有很多研究，要求很高。当年由于泄洪洞高速水力学气蚀问题，发生的事故较多，工程形势比较严峻。我根据碧口水电站右岸泄洪隧洞工程成功运行经验书写的学术论文，获中国水电学会中青年优秀论文奖。论文中部分论述工程混凝土面不平整度高速水力学标准的研究，提出了也可以根据水力学福氏数的标准安全确定。

五、成功完成喷锚结构作为永久衬砌重点推广项目，并获奖

经当时水利部和国家经济贸易委员会批准，隧洞采用喷锚结构作为永久衬砌，被列为国家新技术重点推广项目。20世纪80年代初期，我转战河北引滦工程，主持八一林隧洞的"锚喷支护技术推广项目"工程的实施。该隧洞地质条件为白云质灰岩，强度高，裂隙发育，各类结构面多。因此对地质各类结构面（硬、软、不同产状）

的有效处理是工程技术的主题。为此工程要求精心设计、精细作业，各工序质量要求一等。全体工程技术人员齐心协力，确保了优质完成工程，并得到来工地检查工作的水利部各级领导的表扬，还在工地召开了现场学术大会，对此成果给予充分肯定。

六、参与学会工作后，扩大为工程服务的领域

20世纪80年代初期，在广州召开了第二届全国岩石力学与工程学术大会，学会前辈推荐我为常务理事和副理事长，从此参与了多个矿山、军工工程、多洞库、长大铁路隧道（大瑶山、园梁山、乌鞘岭隧道）等大型岩体力学工程的研究，扩大了岩体工程的视野。特别是在多个工程大跨度隧洞洞口安全的维护方案上，我提出的意见被采纳，洞口工程得到安全处理。

七、新奥法在我国成功实施和应用

20世纪80年代，我国基础设施建设蓬勃发展，学会学术活动也十分活跃，如数值分析、神经网络、新奥地利隧道施工法等。我也积极参与学会组织的学术大讨论。

我主动要求承担一些大型工程采用锚喷技术作为永久衬砌的试点，这是国家新技术重点推广项目，也是理论研究与实践结合的产物。岩体工程系多专业集合的综合体，单一的数值分析或实验技术，难以表达工程总体状况。新奥法是奥地利学者拉布西维兹教授提出的隧道施工法，是他们多年丰富经验的总结集合，其总原则是充分利用岩体自身的承载能力，具体有22条综合条文。我在上述工程中成功应用了新奥法，并对22条综合条文有如下理解：

①充分认识隧洞工程地质体；②在工程实施各阶段充分保护岩

体；③及时而有效地支持不稳定岩体；④一般锚喷技术适用 3、4、5 类岩体，软岩另行设计支持；⑤科学检测岩体。此系统工程的简要概念表达了岩体工程力学的实质。

八、被任命为湖北省危岩体防治指挥部副指挥长

随后我转移到湖北宜昌工作，应邀参加过几次国家科委主持的长江链子崖危岩体稳定问题的研究和讨论。我的发言被认可，被湖北省任命为该危岩体防治指挥部副指挥长，指挥长为时任副省长韩南鹏。

九、受聘重庆建筑工程学院博士生导师

参加长江链子崖危岩体稳定问题的研究会议的有重庆建筑工程学院朱可善教授，他邀我参与培养博士研究生，为此他多次跑北京批文件。后来，我成为该校博士生导师。

链子崖危岩体威胁到长江航道的安全。为此，我们研究了数学模型和物理模型。我们请地质专家刘国霖教授指导物理模型，室内试验在河海大学振动台上进行，分别做了大小两个模型，小模型的成果比大模型好。数学模型由我负责，根据砂页岩的特点和危岩体空间效应，岩体具有各向异性（XY 向）的力学特性，采用三维力学模型计算，取得很好成果。博士论文获好评，实践和理论得到更高层次的结合，这令我非常欣慰，我们在科学道路上又向前走了一步。

以后，在各向异性力学分析的基础上，我们对甘肃碧口千枚岩隧洞围岩数值补充分析、对金川露天矿边坡进行补充分析研究，验证了我们先前的有关工程处理与力学研究的方向与方法是相当吻合和成功的。

十、三峡工程重新论证，任命为施工专家组专家

20世纪80年代中期，长江三峡工程开始重新论证。国家科委在"八五"计划中也安排几个课题列入国家重大科技攻关项目，在三峡重新论证中我被任命为施工专家组专家。

国家科委攻关项目由水利部直接领导，长江三峡工程开发总公司负责具体事务管理。主要项目有：施工导流与施工期通航问题，永久船闸高边坡，高土石围堰等。相关领导在大会上多次指示，论证的原则是不拘以往的结论，论证要经得起实践的检验，要经得起历史的考验。

三峡工程施工导流与施工期通航问题，是三峡工程施工专题研究的主要问题。在会议上专家们提出并讨论了两个方案：一是三期导流、明渠通航，全年施工期不停航方案，为设计推荐方案；二是施工二期导流，明渠不通航方案。

设计推荐，三期导流、明渠通航方案如下。

一期：开挖明渠及左岸工程施工，主河床通航；

二期：明渠通航及建左岸大坝厂房混凝土工程，建成左岸永久船闸升船机；

三期：明渠截流建三期高混凝土围堰挡水发电、永久船闸升船机通航。

专家组大部分专家认为三期导流方案施工期完全不停航，不可能，也不合理。三期高混凝土围堰仅使用一年就被炸除，既浪费，又拖延了工期，还增大了工程风险。施工专家组签字，不包括施工导流部分。对此我进行了长期研究。退休后，书写了总结性文件，为避免误解，未正式出版。

十一、提出卸荷岩体力学

在三峡论证中我被任命为施工专家组专家。主要项目有：施工导流与施工期通航问题，永久船闸高边坡，高土石围堰等。我主要负责永久船闸岩石高边坡课题的组织和研究。鉴于国内学者对岩体力学的理解有很大的差异，同时考虑到工程的重要性，我将课题分解成北京组、武汉组和重庆三峡组，课题组分别独立组织研究，我主要负责重庆三峡组的研究工作。根据以往经验，我们首先研究了地质各向异性力学特性以及考虑岩石开挖、地应力释放、边坡工程岩体变形损伤、边坡岩体力学参数相应降低等必须充分考虑此不利的动态力学条件因数。然后进行了加载与开挖卸荷模拟实验，根据边坡岩体不同卸荷量级，确定实际卸荷力学参数，计算分析边坡岩体变形比较常规分析变形大，偏于不安全。此次研究边坡工程力学分析，是研究了边坡岩体工程力学卸荷的动态全过程，是充分考虑边坡工程实践的力学动态。根据此研究成果，我提出了卸荷岩体力学，并出版了专著。

此后我便退休了。

十二、回顾成长过程

我从隧洞工程到高边坡工程，从各向异性岩体力学到卸荷岩体力学，从工程施工工地走上科学殿堂，从实践到理论，从岩石力学学习走向岩体力学学术研究，创建卸荷岩体力学理论，这些都和前辈的指导、培养、扶持和帮助分不开的，在此向他们表示深深的感谢。

郑颖人
我走过的 60 年岩土人生

个人简介

郑颖人（1933— ），男，浙江镇海人。岩土工程与地下工程、地质灾害防治工程专家。1951年在"抗美援朝，保家卫国"中入伍，1956年北京石油学院机械系储运专业毕业。先后在中国人民解放军军事工程学院、空军工程学院、后勤工程学院任教，历任讲师、副教授、教授，1991年被授予博士生导师。2001年当选中国工程院院士。

长期从事岩土工程的教学和研究工作，在地下工程与边坡工程的稳定性分析、岩土塑性力学、岩土数值极限分析方法等理论研究领域取得了丰硕成果。提出了基于分量理论的广义塑性力学、岩土常规三轴三维能量屈服条件、点破坏条件的破坏函数与破坏曲面的表达式、基于材料点破坏条件的极限应变新方法。发表论文近600篇，3篇论文入选全国最有影响的百篇论文，6篇论文入选"领跑者5000——中国精品科技期刊顶尖学术论文"。出版著作17部，获中国政府出版奖提名奖和"三个一百"原创科技图书奖各1项，水利部优秀科技图书一等奖1项。主编与参编国军标6部，国标、地标各2部。

曾获国家科学技术进步奖二等奖与三等奖各1项，军队及部委级科学技术进步奖一、二等奖13项，全国科学技术大会奖1项。2007年获"重庆直辖十年建设功臣"，2009获"新中国成立60周年重庆杰出贡献英模"。

一、青春励志　报效国家　献身科教

我出生在浙江省镇海县的一个江南水乡，那里是我国较为富庶、开放、文化底蕴深厚的地方。我的童年正值抗战时期，在那战火弥漫的年代，几次辗转逃难，几次辍学，12 年中只上了 9 年学。幸好我就读的学校是新四军地下组织控制的学校——凤湖中学附小，培养了我的革命思想与救国、爱国的情操。小学毕业时恰逢抗战胜利，正当全校师生兴高采烈地庆祝抗战胜利时，浙东新四军奉命北撤苏北，学校解散，于是我辗转到上海求学。中学时期，我十分喜欢读书，经常去图书馆看书，读书的范围很广，从少儿文学、青年文学、名人传记到中外名著等，读书令我深思，潜移默化地迸发出我追求理想、追求事业的火花，树立了报效国家和献身科学事业的志向。高中读的是理科，当时我与好友相约准备毕业后考读农科。高三那年风云又起，在"抗美援朝、保家卫国"的声浪中，我抱着"国家有难，匹夫有责"的决心，毅然投笔从戎。记得当时二哥送我踏上征途，坐在黄浦江的汽轮上，迎着阵阵秋风，望着层层波涛，脑海里时时浮现着"风萧萧兮易水寒，壮士一去兮不复还"的悲壮诗句，这是我人生中第一次转折和激情。

参军后，我进入空军第二预备学校，经过政治思想与军事素质的锻炼后转入空军一航校机械科学习。根据我军抗美援朝中的作战经验，为加强军队后勤，毕业后我被选派到清华大学石油系储运专业学习，后并入北京石油学院直至毕业。

四年美好的大学生活，使我献身科学事业报效祖国的理想再度萌发，国家兴亡匹夫有责，兴业报国赤子心，江山代有人才出，各领风骚数百年。当时，大学里充满朝气，师生之间、同学之间的关系和睦可亲，大家感到解放了、胜利了，扬眉吐气，一心学习，准备报效国家。我十分珍惜这个来之不易的学习机会，刻苦攻读，力争课堂上听懂理解，利用课余时间博览群书，除课堂外整天都泡在图书馆里，开始阅读相关中、俄专业文献和杂志。这种强烈的求知欲，锻炼了我专心致志的意志、良好的自学能力和开阔的视野。

回想起我63年来的教学、科研生涯，从大学时期起，就逐渐树立起我对人生的向往与态度。我一直以毛泽东同志的名言"人是要有些精神的""要有所作为"不断激励自己。习近平总书记说"不忘初心，牢记使命，永远奋斗"，也为我国科技工作者指明了人生道路。为了人民对美好生活的向往，为国家富强、民族复兴建功立业，永远是我们科技工作者的奋斗目标。大学时我喜爱苏联小说《钢铁是怎样炼成的》，保尔·柯察金有一句名言："一个人的生命应当这样度过：当他回首往事的时候不会因虚度年华而悔恨，也不会因碌碌无为而羞愧！"让我牢记终生。在科教事业上，敬业爱岗、执着追求、矢志不渝、默默奉献，是我对科教事业的期望与追求。在人生态度上，不求虚荣、远离浮躁、淡泊明志、宁静致远、谦虚做人、诚恳待人是学者的为人之道，也是工作的毅力与耐力之所在。

大学毕业后，我先被分配到总后勤部，后来接总部命令又转入哈尔滨军事工程学院。1956年的除夕，下火车后我背着行李，乘着马车，冒着零下二十多度的严寒，迎着漫天风雪，到军事工程学院报到，从此进入高等军事学府。到校后系里立即安排我于当年4月讲授机场油库课程。当时我初出茅庐，没有任何授课经验，手里只有一本厚厚的俄文版的苏联教材。怎么办？我抱着必须闯过教学关和坚决完成任务的决心，一边翻译，一边写讲义，夜以继日。4个月后，我编写出二十多万字的讲义，登上了讲台，得到了苏联专家和学员的一致好评。

1960年，由于学校教学改革和工作需要，我从油料机械专业改行从事军事地下工程建设。从机械到土木，两个专业相距十万八千里，但我毅然服从组织安排。尽管面对人生事业的转折点，有过阵痛、有过彷徨，但更多的是迎接挑战的信心和锐气。我相信只要干一行、爱一行、钻一行，照样能完成任务，作出成绩。几个月后我就带着两本教材，接受了带领毕业班的学生到现场进行空军第一个地下洞库设计与教学的任务，并凭借良好的力学基础和自学能力，顺利完成各项任务，还指导学生写了两篇学术论文。就这样我一步一步地踏入毕生致力的岩土工程王国。此后，多次任务变更，环境变迁，我都能较好适应，不折不扣地完成上级交给我的任务，这也使我的专业面越拓越广。

二、探索创新　求是务实　业精于勤　行成于思

1964年秋，哈军工机场建设专业整体转入西安空军工程学院，在那里我走过了28年的教学科研历程，度过了人生中最珍贵最有活力的中青年创业时代。

"探索创新，求是务实"是教育与科技工作者的追求与责任，也是我毕生遵奉的治学格言。探索，探索，不倦地探索是我的精神支柱；唯有探索，才能创新，是我的信念。改革开放以后，我看了天文学家哥白尼传记的电影后，心中万分激动，钦佩他顽强的探索精神和坚持真理的勇气，愈加激励了我探索创新的志向。"探索，探索，不倦地探索，求自然之奥秘，万物之灵气，立世之妙诀，唯探索才能创新"，这是我给哈军工校友会写的题词。

科学来不得半点虚假。人的认识是有一个过程的，需要不断地

学习与继承、实践与感知、思索与升华，一步一个脚印，才能达到创新的境界，领略科学巅峰的无限风光。科学无涯，继承创新，要敢为人先，与时俱进，又要求是务实，严格验证。根据我长期的治学经验，我还深深感到"业精于勤，行成于思"。通过勤学苦练，可以做到事业精致、漂亮，但想要做到事业创新、有成，还需要依靠逻辑思维，苦思力索。无论是体力劳动者还是脑力劳动者，想要做到极致，都需要具有精益求精、追求卓越的工匠精神。

科技创新源于强烈的求知欲和推陈出新的改革精神，源于对本职工作的敬业执着和艰苦卓绝的开拓。即使在"文化大革命"期间，我依然保持着科技工作者的本色。1969年，当时部队兴建圆筒形立式地下油罐，但缺少设计计算方法，我自觉地承担起为部队解难题、补短板的责任，急部队之所急，在自编教材中提出了圆筒形分离式地下油罐设计计算方法，计算中考虑了围岩的抗力和结构与岩石间的摩擦力，节省了大量钢筋。我还亲自到空军的7个军区授课。1971年受北京空军军区设计所的邀请，提出了软弱地基上掘开式机库的设计方法，该结构型式十分复杂，上部是拱形结构，下面是仰拱，中间地板内设有拉杆，底板下面有柱。当时的计算工具十分落后，用手摇计算器算一次题就需要6天，我们克服困难，顽强拼搏，历时两个月圆满完成任务，为空军解决了工程难题。1978年，获得全国科学大会奖并获先进个人称号。

科技工作者需要有不甘因循守旧、锐意进取的精神。无论在教学中，还是在科研中，都要问一个为什么，始终抱着既要认真继承又要改革创新的治学态度。20世纪六七十年代，我被国际上刚刚兴起的隧洞建设中新奥法理论所深深吸引，成为国内最早引入弹塑性围岩力学和锚喷支护理论的学者之一。1975年，我率先把这一理论引入编写的教材中，还修正了芬纳公式推导中的某些错误，并与同济大学合译了德文版卡斯特奈所著的《坑道与隧洞静力学》一书。但芬纳公式和卡斯特奈公式只给出了围岩支护压力与塑性区半径的关系，并没有导出位移解，当然更无法算出围岩压力。1977年年底我导出了圆形地下结构的弹塑性与黏弹性塑性位移解。有了变形公式，在围岩与衬砌共同作用下，位移与应力之间的关系也就导出来了。这是我国首次提出基于围岩与结构共同作用的围岩压力计算法，从而揭示了锚喷支护的力学原理，从定量上解释了锚喷支护的柔性特征，更能有效发挥围岩的自承作用，为新奥法原理做了有力的理论注脚。1979年3月正式发表论文《圆形洞室围岩压力理论探讨》，在业内引起重大反响，并受邀在多个学术会议上宣讲。1978年国际上隧道工程专家云集法国巴黎，指出在特征线法基础上有望获得地下结构设计方法，但当时尚未导出严格的力学解答，也未算出围岩压力。1981年，在于学馥教授引领下，我和刘怀恒、方正昌归纳分析了国内外围岩压力方面的研究成果，并将数值分析方法引入地下工程稳定计算，出版了《地下工程围岩稳定分析》讲义，在国内和军内举办过多次学习班。1983年正式出版，在这一领域起到了引领作用。20世纪八九十年代相关专业的研究生大都读过这部著作，时至今日，他们中的许多人还对这本书怀有深厚的感情。

20世纪80年代初，随着岩土领域知识的积累，我意识到岩土工程离不开弹塑性力学，弹塑性力学是岩土力学与岩土工程的根基。科学也有一个认知链，对基础科学认知越深，就越能更好发展应用科学与工程技术。凭借着强烈的兴趣，我又开拓了岩土本构关系与强度理论的研究领域，并决心在收集和整理国内外资料的基础上，逐步加上我们自己的研究成果，编写出一本既有岩土特色，又有力学系统的岩土塑性力学著作。1982年年底，初次撰写完成了《岩土塑性力学基础》油印讲义，系统阐述了岩土塑性屈服准则、流动法则、应变空间、多重屈服面与本构关系等岩土塑性理论。该讲义的传播在国内起到了启蒙作用，也引起了轰动效应。在西安、重庆、北京举办了三期学习班，国内著名大学的一些博士、硕士生都来索取讲义或进行复印。1987年该讲义增加了龚晓南先生撰写的岩土极限分析的内容，并经友人陈雨荪先生推荐在建筑工业出版社正式出版。当时我还未带研究生，依靠大学生进行研究、推导公式，学生陈长安还在中、英文版的《应用数学与力学》期刊上发表了《应变空是的岩土屈服条件与本构关系》论文。国外留学回来的岩土学科前辈袁建新先生和蒋彭年先生这样评价本书：在深度、新度、广度方面不亚于国际水平，形成独特的力学体系，是一本有国际水准的教科书。1992年，《岩土塑性力学基础》获得水利部优秀科技图书奖一等奖。

三、知行合一　理论实践　相得益彰

1992年，那时我59岁，当时已被国务院批准为岩土工程学科博士生导师，又调到后勤工程学院申报岩土工程学科博士点，次年获得批准，至今已有27个年头。那是我科学思想成熟和践行发展的时期。在工程践行过程中，我真切地感觉到，我的一切成就都来自我学生硕、博期间的刻苦研究，是师生合作互动、共攀高峰的结晶。在学风上既要发扬民主，学术讨论自由平等；又要严谨治学，严控学术腐败；研究课题选择不论学历高低，博士生能做的课题硕士生也能做；创新成果师生共享，共怀感激之情，建立了深厚良好的师生关系。清朝郑板桥《新竹》一诗中有一句"新竹高于旧竹枝，全凭老干为扶持"。我作为老师深有体会，将其稍作拓展："新竹高于旧竹枝，甘为老干勤扶持。海深天厚师生情，披荆斩棘登峰志。"

重庆是一个秀丽的山城，也是一个地质灾害频发的地方，为适应环境的变化，我入乡随俗，开创了边滑坡防治工程新的研究方向。初到重庆，我就敏感地发现当地岩质边坡事故时有发生，并注意到建筑物旁边坡高不大的岩质边坡都是沿着顺层结构面滑落，并非按土质边坡圆弧滑面破坏，据此提出了岩质建筑边坡支挡结构稳定分析新公式，打破了当时边坡支护结构计算中岩、土不分的惯例。这一观点在学术会议上也获得工程人员的大力支持。2000 年编写制定并出版了重庆市地方标准《建筑边坡支护技术规范》，对减少重庆地区的建筑边坡灾害作用显著。后应建设部的要求，将其提升为国家标准——《建筑边坡工程技术规范》，这也是世界上唯一可用传统极限法准确求解岩质边坡稳定分析的规范。

2000 年以后，我发现多数的岩土工程问题都是承载力控制的问题，按弹塑性力学观点，这类问题一般不需要引入严格的本构关系，采用基于强度理论的极限分析法就可以解决，从而使求解大为简化。只有一些重大工程需要得到准确的位移解，需要引入严格而复杂的岩土本构关系。所以我开始关注极限分析法的研究，也将其作为我晚年研究的重点。复杂岩质边坡的滑面既不是圆弧滑面，也不是直观能找出的结构面滑面，必须研究新的极限分析方法，才能在诸多的结构面中自动找出一条真实滑面。依据力学原理，经过慎重分析和多次计算，我发现辛克维兹提出的强度折减和荷载增量的数值极限分析方法。它基于力学突变理论判别破坏，不仅可以解决土坡稳定计算，还可以解决岩坡稳定计算，应用范围十分广阔。20 年来，我们努力拓宽它的应用范围：从土质边坡扩大到岩质边坡，从二维边坡扩展到三维边坡，从稳定分析扩展到支护设计，从稳定渗流边坡扩展到不稳定渗流库水岸坡，并把它应用到边坡防治与预警、基坑、地基基础、隧洞以及边坡与隧洞抗震设计等多方位岩土工程领域。目前我国已是国际上就应用数值极限分析方法解决岩土工程问题发表论文最多的国家之一。

2003年，三峡大坝工程二期库岸地质灾害治理工程全面启动，我担任重庆国土部门三峡库区二期地质灾害治理的专家组长，承担了重要责任。当时，在库水岸坡工程设计中急需知道岸坡浸润线位置的计算公式，针对这一要求，我们在短期内就提出了不稳定渗流的库水位等速下降时的浸润线的计算公式，并进行了试验验证，纳入地标规范，妥善解决了这一难题，该公式也被学术和工程界广泛应用。2002年和2004年我们分别应用强度折减法求解了土坡和岩坡的稳定分析，突破了岩坡计算难题。两篇论文的影响力很大，被引用次数高达2192次与1500次。2004年起，我们又将强度折减法引入隧洞工程，从而将隧洞围岩压力理论研究推上了一个新台阶，首次提出了地下工程围岩稳定系数，使隧洞围岩稳定性有了严格和明确的定量指标。2007年发表的一篇应用强度折减计算围岩稳定的论文和上述两篇文章都被选入中国百篇最有影响力论文。但遗憾的是这一方法至今仍限于国内高校和科研部门的科学研究领域，只在少量地区与工程部门局部应用，纳入我国相应规范尚有时日，仍需努力践行和传播以便缩短这一周期。这里也要感谢中国岩石力学与工程学会，7年前将我的论文 *The Application of FEM Limit Analysis in Tunnel Engineering* 推荐发表在 *International Society for Rock Mechanics News Journal* 上。据悉，近两年来已在澳大利亚等国的隧洞建设中开始应用。当然我们也意识到地下工程的勘察、设计、施工有很多的不确定性，需要有科学、合理的围岩分级方法进行配合,以获得准确可用的各级围岩力学参数。此外,我们还将强度折减法引入边坡和隧洞的抗震计算中,首次印证了汶川地震中观察到的边坡拉剪破坏面,还显示了地震时边坡与隧洞的弹塑性破坏过程。通过 7 次震动台边坡试验和 2 次隧洞试验,验证了计算结果,并应用于正在修建的成兰铁路边坡工程中。发表边坡与隧洞抗震计算论文 20 余篇,3 篇论文入选"领跑者 5000——中国精品科技期刊顶尖学术论文"。

在边坡治理中,对抗滑桩的设计计算进行了革新与发展,抗滑桩要防止岩土体沿滑面滑动,必须要有足够的强度以保证桩的稳定。同时又要有一定的长度,保证岩土体不沿着桩顶滑出。但由于传统方法不能计算桩长安全系数,所以要求抗滑桩伸到地表。如果不做桩长计算,即使采用了全长桩也有可能越顶破坏,那就需要改变桩位。通常情况下,抗滑桩长度可以缩短,从而采用埋入式抗滑桩节省工程费用。为此,我们又应用强度折减法提出了抗滑桩桩长计算方法,为埋入式抗滑桩的桩长设计提供了力学依据。埋入式抗滑桩不仅桩长缩短,还能减少桩上弯矩与截面尺寸。已在多个大型工程中成功应用,每根桩节省费用多数在 30% ～ 50%,经济效益十分显著。

我国山多地少,目前有大量新机场选址在山区,急需对大型填方高边坡进行治理。我们采用强度折减法,提出了加筋土高边坡设计计算方法,突破了现行加筋土边坡规范中坡高不大于 20 米的规定,大大拓宽了加筋土在边坡中的应用范围。广西河池机场 60 米超高加筋土填方边坡,其高度及规模居世界前列。截至 2019 年,工程已竣工 9 年,稳定性良好。

2008 年三峡库区蓄水后,在水位上升期间,重庆云阳凉水井滑坡变形快速增大,滑坡后壁与两侧出现明显裂隙,工程地质专家依

△ 广西河池机场

据当时情况认为即将滑坡，为此向国务院申请停航一天，但滑坡并未发生。国土资源部立即指定两个单位进行监测与预警，其中包括我们与重庆高新岩土勘察设计有限公司的合作队伍。我们采用监测与计算两种手段建立预警方法，计算采用黏弹塑性模型，设定不同的稳定安全系数，计算不同稳定系数下相应的位移-时间曲线，并与监测曲线进行对比，如果监测曲线与某条计算曲线重合，即可得知凉水井滑坡当时的稳定系数。

从2009年4月—2012年5月的测试表明，尽管滑坡位移在不断增大，但始终处于欠稳定状态（稳定安全系数1.04～1.05），不会立即滑坡，妥善解决了国家重大难题。

军事工程涉及的地域范围十分宽广，区域性土成为军事工程建设中的重要研究领域。1996年，我们承担了在软黏土（淤泥与淤泥质土）地基上修建机场的软基处理任务。对该机场多种软基处理方案进行分析与比较后，提出了动力固结加固软基的新方案，突破软土地基强夯禁区，开展了强夯新工艺的研究，通过4次现场大规模试验和深入细致的理论分析，认识到软黏土有很好的排水通道，存在着千丝万缕的"毛细管道"，可以顺利地排水；而现行的强夯工艺恰好是反其道而行之，在软黏土还没有固结提高强度的情况下，重夯恰恰破坏了土体的结构、斩断了连通的管道，导致土中水分无法排出，出现橡皮土而使强夯失败。破译了软黏土地基强夯处理的密码，就敢突破规范，我们大胆开创了"加强排水、先轻后重、逐级加能、少击多遍"的软黏土地基强夯新工艺，被同行称为"低能量强夯法"。该研究成果于 2001 年获国家科学技术进步奖二等奖。这项技术结合后人的发展，除在国内推广外，还应用到菲律宾、印度尼西亚、越南等国家，为我国赢得了声誉。

在某机场膨胀土地基处理上，提出了膨胀土地基膨胀量计算的新方法，依据膨胀量计算，放宽了机场场道膨胀土填土地基原有的设计标准，与原有的民航机场膨胀土场道地基上处理的填土厚度相比，处理厚度大幅降低，节省了大量费用。在研究成果鉴定会上该成果被成都民航设计部门所吸收，立即改变了成都双流机场二跑道设计方案，取得了节省 7000 万元的高额效益，并翻印科研文件作为民航机场建设的教学参考资料。针对该机场中弱膨胀土边坡处理，我们吸取了前人用锚杆加固膨胀土边坡多次失败的教训，自行研制了扩底锚杆，增大了雨天的锚固力，节省了费用，至今效果良好。

在岩土本构关系的研究上，1994 年岩土力学专业委员会在重庆召开学术讨论会。会上有专家提出，当前岩土本构关系与经典塑性理论有矛盾，经典塑性理论与岩土试验结果有差异。会上希望我能做些这方面的研究。经过潜心钻研，多方咨询，终于发现经典塑性力学已经作了三个基本假设：一是采用了一个塑性势的传统理论；二是采用了关联流动法则；三是假设应力主轴不旋转。但这三个假设不适应岩土材料的变形特性，需要取消这些假设，才能消除上述差异和矛盾，将经典塑性理论发展成为岩土材料和金属材料都适用的基于分量理论的广义塑性力学。我在沈珠江、龚晓南先生协作下于 1998 年完成初稿，并发展为《广义塑性力学——岩土塑性力学原理》

一书，先是内部印制，并在国内多所高校试用。2002年正式出版，14个月内先后印刷3次，得到了全国广大读者的青睐和应用。

我参军69年，从教63年，有幸成为中国工程院院士，这延长了我的工作寿命。老年时期通常是个人理论与实践、思维与经验的最高境界期，我尽力学习，争取越老越精彩。学生们称我为"常青树"，青春常在，壮心不已。尤其是最近八九年，我终于解决了心中长期以来的一个心结——揭开了弹塑性材料的破坏之谜。

当前塑性力学强度理论中采用理想弹塑性模型，认定应力达到强度，应变无限发展时材料破坏，据此自然得出屈服条件和破坏条件相同的结论。实际上，塑性阶段应力不变表示光凭应力无法反映材料的塑性受力过程，然而应变是不断变化的，当材料中任意点的应变达到塑性极限应变时该点就开始发生破坏，可见应力和应变都要达到极限，材料才会被破坏。破坏是一个渐进过程，当破坏点贯通整体时材料才会出现整体破坏。所以，破坏与屈服不同，它是屈服的延续。

近年来混凝土结构方面的大学本科教材，依据力学试验已明确提出应力达到强度尚未破坏，只有应变达到极限应变才会破坏的理念。这与我的上述力学观点不谋而合。由此明确了破坏的概念，提出了破坏函数的表达式与破坏曲面的形式，还提出了极限应变独特的求解方法，减少了测试工作量。

2019年年底即将出版的《强度理论与数值极限分析》新著中，开创性地书写了"破坏条件"一章。依据上述研究成果，我们建立了一种能反映破坏演化过程的数值极限分析方法——极限应变法。这种方法的优点是能找到材料起始破坏位置，破裂面的演化、发展过程，确定材料起裂时的稳定安全系数。

我深深感受到晚年的美好，莫道夕阳近黄昏，正是精彩绝伦时。

傅冰骏

魂牵梦绕　情系岩石力学与工程

个人简介

　　傅冰骏（1930—　），男，山东高密人。中国科学院地质与地球物理研究所研究员。

　　先后参加或主持三门峡等20余个大型水电工程的勘测、试验、研究工作。1979年以后，参与国际岩石力学学会中国国家小组及中国岩石力学与工程学会筹建工作。编著论文120余篇，主编或编著19部专著，2016年主编出版了《英汉岩石力学与工程大辞典》。长期以来对中国岩石力学与工程学会的建设和发展做出了杰出贡献。

　　先后担任学会副秘书长、秘书长、顾问等，《岩石力学与工程学报》副主编、顾问编委，《岩石力学与工程动态》主编，国际岩石力学学会古遗址保护委员会委员、中国工程咨询协会水力发电专业委员会咨询专家，水利电力部岩土工程标准化委员会副主任等。

2019年欣逢中华人民共和国成立70周年，也恰巧是中国岩石力学与工程学会前身——国际岩石力学学会中国国家小组（NG China ISRM）成立40周年。在这些激动人心的喜庆日子里，作为战斗在岩石力学与工程领域的一名老兵，笔者同样万分激动。抚今追昔，浮想联翩，一件件往事不期而至。往事是一面镜子，它不仅能够反映出往日前人度过的峥嵘岁月、战斗历程，更重要的是，还可以激励后来者在前人的基础上，奋勇前进，续谱华章，再创辉煌。于是，笔者禁不住揭开尘封的历史，记录下一些亲历的片段。

一、在苏联进修时的美好回忆

笔者和岩石力学与工程的不解之缘，可追溯到1957年冬。当时笔者乘火车从北京站出发，跨越千山万水，经过七天七夜到达苏联的列宁格勒（现圣彼得堡），开启了进修岩石力学与工程的实习生涯。

当时，苏联实行的是一周五天半工作制，把周六称为"短日"，上午工作，下午放假。但对我们这些学子而言，不仅在短日，连周日也往往是在辛勤耕耘，手不释卷。看到我们一个个匆忙的身影，导师不止一次感叹："你们真是一群勤劳可爱的小蜜蜂呀！"我们听到表扬后，彼此相视而笑，更加坚定了排除万难去争取胜利的信心。那时，我们心中只有一个信念：砥砺前行，努力拼搏，绝不能辜负党和祖国人民的重托。

其间，在导师罗查教授的悉心指导下，笔者先后在列宁格勒水电设计院、全苏水工研究院、莫斯科水工设计院等单位边工作，边学习。此外，还奔赴以下各地考察访问。①古比雪夫、斯大林格勒（现伏尔加格勒）水电站；②正在施工的西伯利亚克拉斯诺雅尔斯克和布拉茨克水电站；③乌克兰、格鲁吉亚、爱沙尼亚加盟共和国的有关科研机构和中小型水电站。

所到之处，无不受到热情接待，这些地方的内部资料也向中国学子公开。"海内存知己，天涯若比邻"，大家不分彼此，融为一体。此情此意永志难忘。

二、有幸成为中国长江三峡岩基组成员

笔者在苏联度过了近两年的时间，回国后，一方面从事龙羊峡、刘家峡等大型水电站的岩石力学试验研究工作，另一方面加班加点，埋头苦干，编写出国留学报告。专题论文包括《苏联在水利水电工程地质试验方面的一些进展及对我国今后工作的意见》等共5篇，先后在《水利水电技术》1959年第1期及1960年第2期上发表。

1960年，笔者应邀专程去武汉长江水利科学研究院——中国长江三峡岩基组（简称"三峡岩基组"）挂靠单位，向有关领导、专家汇报了苏联在水利水电建设中岩石力学与工程方面的概况。接着，即应聘为三峡岩基组成员。

三峡岩基组成立于1958年。当时，为适应长江三峡水利枢纽建设的需要，在国家科委领导下，以长江流域规划办公室和中国科学院为主体，在国际著名岩石力学专家陈宗基先生指导下，集中了全国水利、水电、建筑、矿冶、高等院校等18个单位、100多名科技人员，下设坝基、地下结构、岩质边坡、动力特性、灌浆5个专业组，在室内、野外开展了大量试验研究，如岩体流变试验、隧洞水压试验、地应力测试、振动爆破试验等。此外，还研制成功一批仪器设备，如岩石三轴仪、大型电磁振动台、岩石扭转流变仪等。因此，笔者对自己能有幸成为三峡岩基组成员甚感光荣。

1963 年，笔者在河北黄壁庄水库完成的岩基野外抗滑稳定试验研究成果以《岸边式溢洪道岩基抗滑稳定试验研究》为题，发表在《水利学报》1965 年第 8 期上，引起了陈宗基先生的关注。于是，笔者又应邀专程去武汉，在中国科学院武汉岩土力学研究所向大家作了专题汇报，并受到时任该所所长的陈宗基先生的亲切接见，聆听了他的谆谆教诲。

1976 年在刘家峡水电站工地，笔者和徐曾衍、何遂信共同用英文撰写了 Control of seepage through the dam foundation at Liuchiahsia Hydropower Station（《刘家峡水电站坝基渗流控制》）一文。该论文先是被收录在《第 12 届国际大坝委员会（ICOLD）论文集》（墨西哥，1976）上出版，后来又在《中国科学》（英文版）上发表，并荣获甘肃省科学大会奖。

三、参与组建水利水电岩石力学情报网

岩石力学情报网可追溯到 1976 年，那时笔者负责《水利水电岩石试验规程》的编制修订工作。受命后，于当年 8 月召开第一次编委会会议。参加这次会议的主要成员有：梅剑云（长江水利委员会）、袁澄文（黄河水利委员会）、杨子文（水电部成都勘测设计院）、刘永燮（水电部昆明设计院）等。

在这次会议上，大家一致认为有成立"水利水电岩石力学情报网"（简称"情报网"）的必要，于是联合上书水电部规划设计院申请成立这一民间组织。获得批准后，于 1977 年 4 月在湖北宜昌召开了成立大会。

"情报网"一经建立，就显示出它的强大生命力。在物质条件相当困难的条件下，面向全国，连续出版了不定期刊物《岩石力学》。

陈宗基先生亲自为《岩石力学》创刊号撰写了特邀论文《岩体力学中的若干新概念》，刊登在《岩石力学》第一期的显著位置上。

"情报网"，虽然冠名为"水利水电岩石力学情报网"，但实际上每次活动都有一批来自中国科学院、土木、矿业、冶金、建筑、煤炭、国防等领域和高校的专家参加。陈宗基先生、潘家铮先生两位科技界泰斗不但亲自为《岩石力学》刊物撰稿，而且都曾参加学术会议并做特邀报告。上述一系列活动为此后正式成立中国岩石力学与工程学会提供了良好条件。

此外，笔者以编制和修订《水利水电岩石试验规程》为契机，撰写了《国外岩石力学试验研究与大坝建设概述》等论文，主要包括：①国外岩石力学研究的一般动态；②岩石力学试验研究在大坝建设中的应用；③地球物理方法在水工建设中的应用；④大坝地基岩体的原型观测等4个部分，连同附录共5万余字，插图20幅，以水电四局勘测设计研究院的名义刊印。大家还利用水利水电岩石力学情报网这个平台，编译了一些反映国际岩石力学最新动态的资料，如 C. Jeager 教授等撰写的《岩石力学与工程》(*Rock Mechanics and Engineering*)，V. S. Vatakur 博士等撰写的《岩石力学性质手册》(*Handbook on Mechanical Properties of Rocks*)。为方便大家阅览英文专业书刊，蒋彭年与笔者合作编写了《英汉岩石力学常用词汇》，发表在《岩石力学》第5期上。

四、一份由国务院5位副总理签发的珍贵历史文件

改革开放伊始，百业待兴。鉴于岩石力学在国民经济建设中的重要性日益突出，1978年12月26日，中国科学院、外交部联合向国务院提交"关于拟申请参加国际岩石力学学会和出席该学会第四

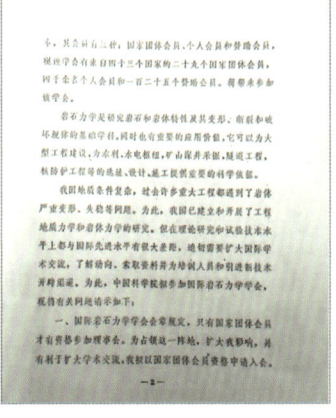

△ 珍贵的历史文件

届大会的请示"报告。时任副总理方毅同志于12月31日批示"拟同意，请登奎、秋里、耿飚、王震同志批示"。接着其他4位副总理即圈阅同意。遵照方毅等5位副总理的批示精神，我国迅速组成了以陈宗基教授为核心的国际岩石力学学会中国国家小组（NG China，ISRM），日夜兼程开展有关工作。

需要注意的是：由国务院5位副总理签署同意一个由10人组成的学术组织，在中国科学技术发展史上是绝无仅有的，留下的历史文件也是极其珍贵的。

五、参加第四届国际岩石力学大会，融入国际社会

国际岩石力学学会中国国家小组成立后的第一件大事就是组团参加1979年9月在瑞士蒙特诺（Montreux）举行的第四届国际岩石力学大会（4th Congress ISRM）。国家小组10位成员均为代表团团员，具体名单如下：

团　　长：陈宗基

副团长：谷德振

秘书长：王思敬、傅冰骏

成　员（以汉语拼音为序）：

曹乐安、康文法、刘宝琛、牛锡倬、朱可善、朱维申

敬悉被批准为国家10人小组成员后，笔者受宠若惊，心潮澎湃，久久不能平静。

代表团于1979年8月30日上午从北京起飞，到达苏黎世后，大家放下行装，稍事休息，立即投入既紧张又愉快的科技考察之中。我们先后访问了电力顾问公司，城市公路隧道，瑞士联邦工学院［ETH，Eidgenössische Technische Hochschule Zürich（德）；Swiss Federal Institute of Technology（in Zurich）］所属水工实验室、材料实验室、冰川实验室及岩石力学实验室。令我们印象最深刻的是考察岩石力学实验室。该室负责人K. Korari教授非常热情地接待了远方来客，不但详细地介绍了有关情况，还赠送了许多技术资料，使我们深受感动。

在第四届国际岩石力学大会上，陈宗基先生作为我国的杰出代表，在国际上久负盛名。除了前面提到的，他还在国际土力学与基础工程学会（International Society for Soil Mechanics and Foundation Engineering, ISSMFE）、国际理论力学与应用力学联合会（International Union of Theoretical and Applied Mechanics）等学术大会或刊物上发表过若干篇优秀论文。这次他在第四届国际岩石力学大会上先后做了两次学术报告。第一次报告是1979年9月2日在国际岩石力学学会召开的全体理事会上做的。会上，他首先代表中国岩石力学界的科技人员向在场的39个国家的代表表示亲切的问候，然后介绍了中国岩石力学与岩石工程发展概况。内容包括发展历史，三峡岩基组的成立，地表、地下工程建设，岩体流变、

松弛、结构特性地质力学研究的原理和方法等。在陈先生的报告中，特别提到我国岩石力学科技人员在长江葛洲坝水利枢纽建设中做出的贡献。

葛洲坝号称"万里长江第一坝"，是我国于20世纪70年代初在长江干流上自行设计、自行施工的第一座水利枢纽，最大坝高47米，坝顶长2561米，总装机容量271.5万千瓦。坝基中广泛分布有原生或构造软弱夹层，总计80余层。为全面探索夹层的矿物、物理、力学、化学特性，除进行了一系列宏观、微观分析外，着重进行了室内和野外抗剪蠕变、松弛、振动爆破及抗力体试验。野外抗剪蠕变采用的试体尺寸为50厘米×60厘米，持续时间长达3个月，在试验中考虑到浸水、振动、长期渗透、反复荷载等因素对强度参数的影响，抗力体试验尺寸分别为11.65米×1.70米×2.30米和9.54米×1.70米×2.30米（长×宽×高）。规模之大，国内外均属罕见。根据试验研究结果，解决了软弱夹层及非连续、层状岩体结构力学问题，并提出了有关数学、力学模型及计算方法，为大坝设计、施工提供了科学依据。在如此复杂的岩基上兴建巨型水利工程，当时在国内外均无先例可循，我国提出的一些创新成果理所当然地受到国际社会的高度关注。

陈先生的第二个报告是在同年9月4日召开的全体大会上做的。作为大会执行副主席，他首先向大家致意，然后提请国际岩石力学界进一步注意两个问题：第一个是软弱夹层和节理流变特性对整个岩体稳定性的影响；第二个是岩体封闭应力、蠕变扩容问题。国际岩石力学学会创始人L. Müller教授，第四届国际岩石力学学会主席P. Habib教授等均表示钦佩和赞赏。L. Müller教授当场就取走讲稿，后来又在第一时间将封闭应力方面的论文发表在国际岩石力学学会学报上（Locked-in Stresses, Creep and Dilatancy Constitutive Equations, Rock Mechanics, 1980, 13, 5-22）。

除了陈先生所做的报告，中国代表团还提交了 7 篇论文。

本届大会由东道主瑞士岩石力学协会组织。参加大会的有 39 个国家，近 700 人。在主会场以外，还设立了 400 平方米的展览馆，展出国外 15 个公司的岩石力学仪器、设备、书籍、文献等。

会议前后，我代表团成员分别在瑞士、意大利、法国、西德（当时东德、西德尚未统一）对有关科研单位、高等院校、施工现场进行了技术考察。

中国代表团全体成员在陈宗基、谷德振两位先生的领导下，群策群力，克服种种困难，顺利地完成了出国任务，打开了我国岩石力学界走向国际的大门。

在第四届国际岩石力学大会上，来自全球五大洲 39 个国家的科学家、工程师济济一堂，共商岩石力学学科发展和造福人类大计。我国代表团也充分利用各种机会与国际友人充分进行交流和互动，了解国际最新动态和发展水平，对推动我国岩石力学学科更上一层楼起到了重要作用。此外，通过参加会议和会议前后的工程考察，我们结识了国际岩石力学界的许多知名人士，如国际岩石力学学会创始人，第一届主席 L. Müller 教授，第二届主席 M. Rocha 教授，第四届主席 P. Habib 教授，第五届主席 W. Wittke 教授，以及后来担任主席的 J. Franklin 博士、C. Frirhurst 教授、S. Sakurai 教授，还有美国的 R. E. Goodman 教授、挪威的 N. Barton 博士等。上述活动无疑在会后的国际合作中有力地起到了"桥梁"和"纽带"的作用。

六、参与筹建中国岩石力学与工程学会

为正式成立中国岩石力学与工程学会，回国后，陈宗基先生率先垂范，自始至终亲自策划、领导了这项工作。有一次，他还带笔者到中国科协（当时位于西郊友谊宾馆的一座独立小楼上）向有关领导呼吁。为什么带笔者呢？笔者猜有两个原因：一是事先准备好一切汇报材料；二是充当他的口语翻译（陈宗基先生因长期在国外生活，汉语口语不太流利）。这期间，最令人难忘的是1980年4月在四川成都召开的"水利水电岩石力学情报网"学术大会上，陈宗基先生以岩石流变、封闭应力为主题，潘家铮先生以地下结构设计和有限单元分析为主题，先后做了特邀报告。此外，更是利用这次难得的机会，就成立全国学会一事，召集了陶振宇、梅剑云、袁澄文、笔者等15位来自不同部门的代表进行了广泛深入的讨论。随后联合署名向中国科协提出申请报告，开辟了成立中国岩石力学与工程学会的先河。

成都会议以后，在陈宗基、谷德振、潘家铮3位著名科学家（注：谷先生不幸于1982年仙逝）的指导下，大家群策群力，奔走呼号，为实现这一共同目标努力工作。国际岩石力学学会中国10人小组的成员还分别与有关学会、专业委员会的负责同志就成立全国性的岩石力学与工程学会一事，进行了多次酝酿、协调、磋商，得到各方的赞同和支持。经过长达6年的不懈努力，挂靠在中国科学院地球物理研究所的中国岩石力学与工程学会，经当时的国家经济体制改革委员会和中国科协批准，终于在1985年6月19—25日在北京召开了成立大会暨学术讨论会。会议主题是：岩石力学——开发能源和资源的一把重要钥匙。时任国务院副总理方毅、中国科学院主席

团执行主席严济慈发来亲笔贺信。时任中国科协副主席茅以升教授、中国科协书记处书记刘东生教授莅临大会并发表重要讲话。

在成立大会上，通过广泛的民主协商和投票选举，产生了学会领导班子，主要成员如下：

理 事 长：陈宗基

副理事长：牛锡倬、王武林

秘 书 长：梅剑云

副秘书长：傅冰骏、周思孟、孙广忠

现将陈宗基先生亲自拟定的中国岩石力学与工程学会简介英文版刊登如下：

△ 中国岩石力学与工程学会简介英文版

全国学会的成立，在我国岩石力学发展史上开启了一个新的篇章，无疑具有特殊的里程碑意义。

七、聆听潘总的教诲

中国岩石力学与工程学会自 1985 年成立以来，陈宗基先生就殷切期望潘家铮院士能在学会担任领导工作，广大同人也有这样的愿望。但对潘总是否能屈尊下就却心有疑虑，于是委托笔者写信婉转地向潘总提出了这个问题。令人意想不到的是潘总亲笔做了回答，信中是这样写的：

冰骏同志：

接 13 日手书，敬悉一切，承岩石力学与工程学会拟选我为副理事长，不胜感激。我的顾虑，除德薄能浅、外语又差加上时间有限，恐负诸公雅望外，主要原因为已担任水电学会副理事长一职，据说同一人不能在两个学会同时担任副理事长职务，不知确否？盼能向科协或有关部门了解一下……

此致

敬礼

潘家铮

9 月 21 日

我们拜读了潘总的回信之后喜出望外，在了解情况的基础上，第一时间解决了潘总就任学会副理事长这个重要问题。喜讯一经传出，大家奔走相告，兴奋不已。同时也为潘总这种礼贤下士、平易近人、虚怀若谷的精神深深感动。

1991 年 9 月，陈宗基先生不幸仙逝。在大家的一致拥护下，潘总就任学会理事长。当时笔者还在继续担任学会秘书长，有幸可以直接向潘总请示汇报，亲自聆听潘总的谆谆教诲，更加体会到潘总"君子爱人以德"的高尚品德和大家风范。

这期间发生的几个重要事件如下：按照潘总的指示，笔者代表国际学会中国国家小组出席了1993年6月21—24日在葡萄牙里斯本召开的国际岩石力学学会年会——欧洲岩石93（The 1993 ISRM International Symposium——EURO 93），参加了国际岩石力学学会全体理事会及其他活动。以往这样重要的会议照例由我学会创始人陈宗基先生出席，这次承蒙潘总厚爱，把这一重任交付笔者，在万分感动之余，充满夙夜忧叹，恐托付不效，以伤潘总之明的复杂情怀，只有振作精神，精心策划，全力以赴地去完成任务。

在去里斯本以前，笔者主要抓了两项工作：其一是完成了一份中国岩石力学与工程发展现状和展望的报告，其二是准备了一些全面介绍长江三峡工程的资料。第一项工作是必须提交到国际岩石力学学会理事会上去汇报的。第二项工作则是力争在全球范围内向国际同行宣传中国人民正在进行的一项史诗般的壮举。之所以这样做，是因为在1992年4月30日召开的第七届全国人民代表大会第五次会议上审议并通过了"关于兴建长江三峡工程的决议"。为此，笔者完全有责任、有义务寻机在国际会议上为三峡工程的兴建鸣锣开道，摇旗呐喊，尽绵薄之力。何况潘总早在20世纪80年代初就肩负国家重任，全面负责三峡工程的技术工作。"功夫不负有心人"，到达里斯本以后，一切都进行得非常顺利。在国际岩石力学学会全体理事会上，笔者对我国情况，特别是举世瞩目的三峡工程做了简要介绍，引起了各国同行的广泛关注。以此为契机，会后，承蒙大会组织委员会主席L. Sousa教授热心关照，在计划外，专门为三峡工程组织了一次小型研讨会（workshop），实际上是一次吹风会（press briefing），笔者以 *The Three Gorges Project—An Epic Undertaking*（三峡工程——史诗般的壮举）为主题向同行做了介绍，放映了录像资料，组织了座谈会，并诚恳地邀请大家到工程现场去参观、考察，与中国同行共商建设良策。与会者对三峡工程兴趣甚浓，笔者随身所带的资料被争索一空。

吹风会后，笔者趁热打铁，又与国际岩石力学学会主席 C. Fairhurst 教授（美国）、副主席 K. Sassa 教授（日本）等接触，就在三峡工程现场（湖北宜昌）组织一次三峡工程岩石力学与工程国际科学技术讨论会的可行性进行磋商，并达成了共识，为日后我国成功举办这次国际会议打下了基础。

值得一提的是：为了进一步提升我国的国际地位，扩大我国的国际影响力，笔者充分利用各种机会，牵线搭桥，使出浑身解数进行穿梭外交，先后会见并结识了诸多国际岩石力学界的知名人士，即现代所说的"大腕"（Big Shot）。除前文已提及的 C. Fairhurst 教授、L. Sousa 教授、K. Sassa 教授外，还有前任国际岩石力学学会主席 P. Habib 教授（法国），后任主席 S. Sakurai 教授（日本）、J. A. Hudson 教授（英国），以及 O. Stephansson 教授（瑞典）、G. Barla 教授（意大利）等。

在与国际"大腕"的交往中，有两件事笔者至今记忆犹新。

第一件事是 1993 年 6 月 21 日上午在大会主席台上，笔者有幸与 K. Kovari 教授共同主持了第一个主题："安全评价模拟"（Modeling in Safe Evaluation）的报告会。如前所述，笔者在 1979 年参加第四届国际岩石力学大会时，就在瑞士苏黎世受到 K. Kovari 教授的盛情招待。这次久别重逢，相见甚欢。有机会在异国他乡共同主持会议，倍感亲切。由于有了这个共同基础，因此在合作中，能够配合默契，收到良好的效果。从主席台走下来以后，笔者的老朋友，后来担任国际岩石力学学会主席的 J. A. Hudson 教授迎上前来，满面春风地对笔者说："You did a very good job！"（你做了一件很好的事）。Hudson 教授的这句话，看似简单，但在笔者的心中却重如千金，催人奋进。

第二件事是关于 L. Sousa 的故事。作为大会组织委员会主席，他不但在会前通过欧洲共同体（European Communities）申请到一笔经费，资助笔者去出席会议，而且在会议已定的议程中，临时加了一个有关三峡工程的小型研讨会。这一举措，犹如雪中送炭，使笔者感激不尽。

时光匆匆，至今已过去 26 年。这 26 年间，我们的交流和互动从未间断过。2019 年元旦，他还在百忙之中给我发来热情洋溢的贺电。

回国之后，笔者向潘总作了详细汇报。得知里斯本之行，尤其是在宜昌召开三峡工程岩石力学与工程科学技术国际会议的建议获得潘总的首肯之后，笔者如释重负，随即满腔热情地投入到国际会议的筹备工作中。

在会议筹备过程中，潘总在日理万机的情况下，仍不时对笔者耳提面命，就重大问题作出指示，其中最使笔者刻骨铭心的是，潘总在笔者的请示报告中亲自题写了"请傅秘书长全权处理"的重要批示。

拜读了潘总的批示后，笔者受到了更大的鼓舞和鞭策。

抚今追昔，感慨万千。请允许笔者将珍藏多年的潘总手谕，连同潘总 1992 年 6 月 4 日的墨宝这两个珍贵的历史资料一同公之于世，作为永久的纪念。

在潘总等领导的热情关怀和悉心指导下，经过全体同人的不懈

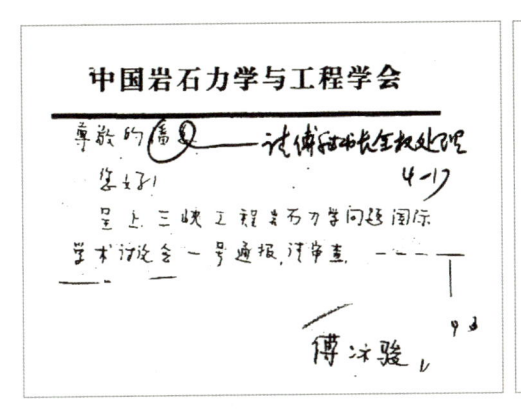

△ 潘家铮先生手迹资料

努力，三峡工程岩石力学与工程国际科学技术讨论会于1993年10月在湖北宜昌召开。会议主办单位为中国岩石力学与工程学会、中国长江三峡工程开发总公司。

国际岩石力学学会主席 C. Fairhurst 教授，中国岩石力学与工程学会理事长潘家铮教授，中国长江三峡工程开发总公司总经理陆佑楣先生等任荣誉委员，中国岩石力学与工程学会副理事长、国际岩石力学学会中国国家小组主席、中国长江三峡工程开发总公司总工程师哈秋舲教授任组委会主席。

会议期间，哈秋舲总工程师做了主题为"三峡工程中的岩石工程力学问题"的总报告。然后，C. Fairhurst 教授等国内外专家就三峡库区环境、水工枢纽布置、大坝地基、船闸高边坡稳定等突出的岩石力学问题进行了广泛、深入的研讨。会后组织大部分代表到三峡库区进行了为期4天的实地考察。

这次会议在国内外影响巨大。会后 C. Fairhurst 教授在《国际岩石力学学会信息学报》(*News Journal ISRM*) 第1卷第4期的封面上刊登了彩色三峡工程效果图，并以大量篇幅进行了报道。在卷首语中，他指出："在这个世界上迅速发展的国家——中国，岩石力学面

△ 三峡工程岩石力学与工程科学技术讨论会期间，国际岩石力学学会主席 C. Fairhurst 教授（左2）、哈秋舲教授（左1）与笔者（右2）共同主持会议

临数不清的机遇和挑战。中国科学家和工程师的首创、献身精神令人敬佩。除了国际著名的三峡工程，中国还有其他一些在建或拟建的大工程。通过这些重大工程的实践中国会对岩石力学的发展做出重要贡献。"

其间，除了在岩石力学领域不断得到潘总的谆谆教诲，笔者还多次随潘总参加三峡、二滩、龙滩、龙羊峡、李家峡、铜街子、天生桥等大型水利水电枢纽的审查及国家"六五""七五""八五"科技攻关项目的评估、验收等各项工作。此外，笔者还在潘总的推荐、指导下，作为中方专家组成员参加了世界银行（World Bank）特别咨询团（Special Board of Consultants，SBC）在中国的一些重要咨询活动。

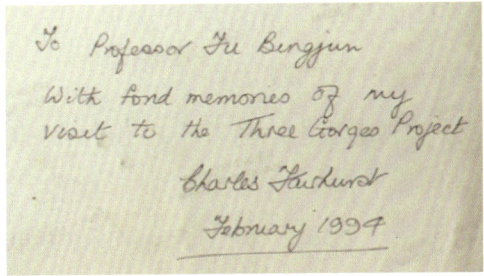

△ 国际岩石力学学会主席 C. Fairhurst 教授（左）与笔者考察三峡工程库区时合影。右图为该教授手迹。

通过上述活动，笔者得以从更深入的层次、更广阔的视野去探索大坝建设这一复杂的系统工程。

在这一阶段的工作中，有两件事使笔者深受启发、教育。

第一件事，对于大坝建设，我们经常引述周恩来总理的教诲："搞水利比上天还难""对水利要兢兢业业，如临深渊，如履薄冰"。在设计审查过程中，我们这些专家组的一般成员虽然也很辛苦，比如，到达工地，经过现场踏勘和听取介绍之后，通常需要在 2～3 天内加班加点，绞尽脑汁，提出初步意见和建议。但总的来看，"大树底下好乘凉"，不担什么风险，而潘总却要在充分发扬民主的基础上，做出正确的决策，有时要承担很大的风险。例如，在黄河上游青海龙羊峡水电站能否兴建高坝（最大坝高 178 米）大库（总库容 247 亿立方米）问题上，由于地质条件极其复杂，国内外专家持有不同意见，有人甚至提出完全否定的主张，但潘总在认真分析各种有利条件和不利条件之后，敢于挺身而出，做出可以建坝的正确决策，这是非常不容易的。"摇头容易点头难"，这是参加设计审查的专家们常说的一句话。为什么呢？对某项措施提出异议，犯不了什么大错误，而敢于点头拍板，付诸实施，则要准备好承担一切后果。

这不仅需要高超的技术水平，还需要不计个人得失，为国家、为人民高度负责的政治品德。

写到这里，笔者不由得想起潘总常提到的承诺："建设成功，成绩是你们的，出了事，责任在我。"这是多么伟大的气魄和胸怀呀！

第二件事，发生在中外专家共同参与的国际咨询活动中。潘总告诫我们："外国专家的经验值得重视，但他们不熟悉中国国情，更不了解中国专家在某些领域中长期研究的成果，最后的决定得由中国人来做。"在这方面，潘总为大家树立了榜样。如在福建水口水电站工地上，为了抢回已经大大延迟的工期，他置世界银行特别咨询团外国专家组的书面异议于不顾，决定在基础部位使用碾压混凝土和氧化镁技术，并在暑期施工。最后，圆满地达到了预期目的。

在潘总的启发和感召下，笔者在每次参加联合咨询活动之前，都会认真阅读有关技术资料，做好充分准备，积极参与讨论。为了把工作落到实处，有时还以备忘录形式提出书面意见。1987 年 6 月在成都召开的联合咨询会议上，笔者就根据与前任国际大坝委员会（ICOLD）主席 P. Londe 教授（法国）双方讨论的结果写出一篇题为《对二滩拱坝稳定分析的一些补充意见》（Some Additional Remarks on the Stability Analysis of the Ertan Arch Dam）的论文，收到积极的效果。

1994 年中国岩石力学与工程学会换届前夕，奉悉潘总手谕，要点如下：

傅秘书长转各位副理事长：

岩石力学与工程学会即将换届，选举合适同志担任学会领导至关重要。我对岩石力学知之甚少，活动能力更差，仅由于宗基先生突然去世，承同志们推荐，勉承其乏；以任满第二届任期为限。接任以来，极少建树，甚至重要会议也难参与，甚感惭愧……故恳切要求不再列入第三届理事长、副理事长、常务理事候选人之内。我虽不担任学会领导，但仍将努力为学会工作，尽我所能；不敢少辞……

潘家铮呈上
1994年2月1日

考虑到潘总已身兼30多个职务，大家也不好再挽留，于是选举孙钧院士任新一届学会理事长，笔者继续担任学会秘书长兼《岩石力学与工程学报》副主编。此后，潘总担任学会名誉理事长，而且多年来，潘总一诺千金，始终关怀着学会的发展、成长和壮大。

1. 指导专家解决三峡工程建设中的诸多岩石力学难题

三峡工程举世瞩目。工程建设中的一些岩石力学难题，诸如库区环境、坝基处理、高边坡稳定等，在国内外均无先例可循。为了顺利解决这些难题，中国岩石力学与工程学会从20世纪80年代开始，就充分发挥跨行业、跨学科、人才荟萃、知识密集的优势，组织专家介入有关方面的研究和咨询，取得了巨大的经济效益、社会效益和环境效益。这些活动无一不是在潘总的亲切关怀和指导下进行的。

迄今为止，中国岩石力学与工程学会对三峡工程，尤其是其中的永久船闸高边坡工程进行了12次咨询活动，其中规模较大的有3次。

（1）1996年在学会名誉理事长、中国工程院副院长潘家铮的指导下，组成了以理事长孙钧院士为核心的专家组对三峡永久船闸高边坡关键技术问题进行咨询，工作历时近3个月，经过认真调查研究，埋头苦干，提出了高质量的研究报告。

这次咨询活动的时间之长、难度之大是极其罕见的，原因在于：有3家国内权威机构分别承担研究工作，而计算出的船闸直立高边坡的变形却差异甚大——从几厘米到略超过100厘米。俗话说"失之毫厘，谬以千里"，何况是数量级的差异。好在大家都能以严肃认真的态度，克服重重困难，顺利完成了任务。

（2）1999年4月7—10日，在潘家铮院士的倡导下，中国岩石力学与工程学会组织了以理事长王思敬院士为核心的专家组对正在施工的三峡永久船闸重点分3个专题进行了咨询：①高边坡稳定性问题；②中隔墩岩体裂缝问题；③工程技术措施。

在短短4天内，专家组在王院士的领导下，会同中国长江三峡工程开发总公司张超然总工程师等，不怕疲劳，连续作战，顺利地完成了咨询任务，受到中国长江三峡工程开发总公司的好评。

笔者对于有机会参加历次对三峡工程的咨询活动已深感荣幸，又于1994年被中国长江三峡工程开发总公司技术委员会聘请为船闸高边坡技术设计审查特邀专家，更是受宠若惊。

（3）1999年6月24—26日，国家自然科学基金委员会、中国长江三峡工程开发总公司在宜昌三峡坝区召开了"三峡水利枢纽几个关键问题的应用基础研究重大项目验收会"，出席会议的有150余位来自有关单位的领导、专家。

重大研究项目包括以下5个主题：①三峡工程泥沙问题研究；②通航建筑物应用基础研究；③三峡船闸高边坡若干基础理论研究；④三峡工程原材料研究；⑤三峡水工建筑物安全监测与反馈设计。

中国岩石力学与工程学会的专家主要从事第3个课题的研究。课题负责人为张有天、周维垣教授，参加该课题研究的有孙钧院士、王思敬院士、陈祖煜院士等百余位专家。

验收会专家组由张仁任组长，笔者、程山任副组长。笔者在岩石力学方面造诣甚浅，对其他4项重大研究课题仅知皮毛，承蒙潘总委以重任，感恩、惭愧之情无以复加，只有夙夜匪懈，全力以赴去完成任务了。

2. 关心国际岩石力学学会2001年年会暨第2届亚洲岩石力学大会

2001年，王思敬院士接任第四届全国学会理事长，杨志法教授任秘书长，笔者应聘为学会顾问。退居二线以后，本来以为可以略事休整，但又承蒙王院士器重，被任命为国际岩石力学学会2001年年会暨第2届亚洲岩石力学大会（The 2001 ISRM International Symposium—2nd Asian Rock Mechanics Symposium）秘书长。笔者不好推辞，于是又披挂上阵，奔赴第一线奋力拼搏。其间，所有重要文件笔者均与杨志法教授、李仲奎教授拟出初稿，供王院士最终审定。

在本次会议召开之前的几个月，即2001年5月中旬，笔者应国际隧道协会（International Tunneling Association，ITA）主席帕里

△ 笔者获奖照片

札（S. Pelizza）教授的邀请，参加了在意大利历史文化名城费拉拉（Ferrara）举行的"世界隧道及地下工程博览会暨学术交流会"（TUNNEL & PERFORAZIONI，World of tunnel drilling technology）。承蒙帕里札教授厚爱，笔者不仅获得了全额资助，还被聘任为国际科学委员会委员并获奖。

国际隧道掘进机（TBM）研讨会后，在潘总的感召下，原铁道部王梦恕院士加快了在全国范围内率先编纂第一部 TBM 专著的步伐。在王院士的率领下，大家日夜艰苦奋战，《岩石隧道掘进机（TBM）施工及工程实例》一书终于在 2004 年正式出版发行。该书系统、全面地阐明了 TBM 的类型、选用方法及工作原理、配套设备、施工方法、施工管理；列举了国内外采用 TBM 施工的典型工程实例及今后的发展方向；在附录中介绍了国外知名的 TBM 生产厂家，列出了 TBM 英汉常用词汇。全书总计 57.6 万字。

八、《中国岩石力学与工程世纪成就》闪亮问世

继 2001 年胜利召开国际岩石力学学会暨第 2 届亚洲岩石力学大会之后，紧接着王思敬院士又率领他的团队发扬不怕疲劳、连续作战的优良传统，投入《中国岩石力学与工程世纪成就》专著的撰写中。该专著主编王思敬，副主编杨志法、傅冰骏，承担撰写任务的 50 位第一作者都是国内知名专家、教授，其中有 11 位院士。

该书全面、系统地概括了我国在 20 世纪岩石力学与工程领域的主要成就和创新，展望了今后学科发展的新使命、新方向、新途径，共 177 万字，于 2004 年正式出版发行。其中"绪论"及"展望"两章的作者为：王思敬、杨志法、傅冰骏。此外，笔者与张镜剑、耿克勤撰写了"水利水电大型地下工程稳定性研究与工程实践"，与张

镜剑、李典璜、薛继洪撰写了"长大隧道掘进机的应用及其主要岩石力学问题的处理"。

九、新气象，新作为

自钱七虎院士接任中国岩石力学与工程学会理事长以来，随着我国综合国力的日益强大，中国岩石力学与工程学会在中国科协的坚强领导下，取得的业绩更加辉煌。

2005年5月17—20日，钱院士率领中国代表团参加了在捷克布尔诺（Brno）召开的国际岩石力学学会年会暨2005年欧洲岩石力学大会（The International Symposium of the International Society for Rock Mechanics，EUROCK 2005，Brno）。在这次活动中，我国在国际学会的个人会员总数为370名，代表团团员总数为52名（超过了东道国捷克），会议提交论文总数21篇，占会议全部论文的1/4。上述3个方面都居世界首位。

我国在学术活动和对外公共关系方面也取得了突破性进展。更重要的是，在本次会议上，我国代表团联合新加坡国家小组力压群芳，赢得了素有岩石力学界"奥林匹克"之称的第12届国际岩石力学大会在北京的举办权，实现了几代人的梦想。

再回到在捷克布尔诺开会这个主题。会议期间，钱七虎院士与国际岩石力学学会前任主席W. Wittke教授针对中国南水北调西线工程及TBM的应用进行了广泛、深入的探讨。随后，就在北京召开一次国际会议达成共识。

回国后，钱院士就积极推动这项工作。2005年9月12—14日，中国南水北调西线工程深埋、长大隧道关键技术及掘进机应用国际研讨会（International Symposium on Key Problems and TBM

Application in the West Line of the Mega South to North Water Diversion Project in China）在北京召开。会议由国务院南水北调工程建设委员会专家委员会、中国水利学会、中国岩石力学与工程学会联合主办。参加会议的国内外专家、学者，咨询机构、高等院校、设计单位、施工单位，TBM生产厂家等代表共145位，20位特邀专家在会上做了专题报告。

笔者与张镜剑教授除了用中、英文两个版本撰写了"南水北调西线第一期工程深埋长隧道施工问题的初步探讨及建议"（Discussion on 1st Stage Construction Techniques for Deeply Buried Long Tunnels in the West Line of the Mega South to North Water Transfer Project），还提供了"隧道掘进机（TBM）英汉简明专业词汇"（A Concise English-Chinese Dictionary of TBM Technologies），为中外同行间的交流、互动架起一座桥梁。

第12届国际岩石力学大会于2011年在北京召开，无疑也是中国甚至国际岩石力学发展史上的一件具有里程碑意义的大事。这次国际顶级盛会于2011年10月18—21日在北京国家会议中心隆重召开，来自全球五大洲近50个国家和地区的逾千名岩石力学专家学者参加了会议。国际岩石力学学会成立50周年庆典也在会议期间隆重举行。

本次会议以"岩石工程与环境的和谐发展"（Harmonizing Rock Engineering and the Environment）为主题开展活动。10月18日上午，大会拉开帷幕。第12届国际岩石力学大会及大会组委会主席、中国岩石力学与工程学会理事长、中国工程院院士钱七虎教授致开幕词，时任国际岩石力学学会主席J. A. Hudson教授在开幕式上发表了热情洋溢的讲话，时任中国工程院院长周济、时任中国科学技术协会书记处书记张勤发来贺词。

开幕式后，钱七虎院士做了特邀报告"中国岩石力学与工程技术新进展（New Development of Rock Engineering and Technology in China）"，详尽地介绍了中国在大规模岩石工程建设中取得的辉煌成就，引起了国际岩石力学界的广泛关注。10 月 21 日下午，大会专门组织了中国专场报告会，孙钧院士、袁勇院士等 11 位岩石力学专家做了大会报告，充分显示了中国在岩石力学与工程建设中的巨大成就。大会闭幕式上，由国际岩石力学学会秘书长 L. Lamas 博士主持，新老国际岩石力学学会主席团成员举行了交接仪式。我国的冯夏庭教授从 J. A. Hudson 教授手中接过国际岩石力学学会主席绶带和权杖，正式就任国际岩石力学学会主席（2011—2015）一职。冯夏庭教授成为该国际组织成立半个世纪以来首次当选主席的中国科学家。

为期 4 天的大会，为全球岩石力学领域的科学家、工程师提供了交流、互动的平台，不仅总结了过去 50 年国际岩石力学的成就，也为未来 50 年国际岩石力学的发展勾绘出蓝图，无疑具有划时代的意义。与此同时，也使我国的国际地位大幅提高，加速了从岩石力学大国到岩石力学强国的历史性跨越。

大会还有一个亮点，就是由国际著名出版商 CRC Press/Balkema 出版了会议论文集《岩石工程与环境的和谐发展》（*Harmonizing Rock Engineering and the Environment*）。

此外，应该重点阐述的是：在全国学会领导的关怀和指导下，2013 年 5 月，由国际岩石力学学会中国国家小组秘书长、国际大会秘书长李仲奎教授和大会组委会委员、武汉岩土力学所黄理兴教授共同负责策划、编纂的《第 12 届国际岩石力学大会纪念册》（*The

12th ISRM International Congress Autograph Album）闪亮登场。精彩纷呈的图片、生动活泼的解说，令人叹为观止。这一创造性的举措，无论在国内还是国外都十分罕见，拜读之后，感人至深，催人奋进。

特别令笔者难忘的是：在金秋十月，丹桂飘香的季节，乘本次国际大会的东风，与相识已久的外国老朋友们再次相逢，包括：

——C. Fairhurst 教授（国际岩石力学学会主席，1991—1995）。笔者与该教授相识相交 30 多年，"The Future of Rock Mechanics Lies with China"（岩石力学的未来在中国）就是他于 2004 年 12 月 24 日给笔者的来信中率先提出的。当时笔者担任《岩石力学与工程动态》主编，随即在显著位置将他的话刊登于《岩石力学与工程动态》2005 年第 1 期。

——J. A. Hudson 教授（国际岩石力学学会主席，2007—2011）。从 20 世纪 80 年代初笔者就与 J. A. Hudson 教授结下了深厚的友谊。

△ J. A. Hudson 教授伉俪与笔者合影（2009 年 5 月于中国香港）

——A. Ghazvinian 教授（国际岩石力学学会亚洲副主席，2007—2011）。自 A. Ghazvinian 教授（伊朗）担任国际岩石力学学会亚洲副主席以来，我们之间的交流和互动从未间断。特别是笔者担任由李最雄、王旭东两位科学家领导下的国际岩石力学学会古遗址保护委员会（CPAS，Commission on Preservation of Ancient Sites，ISRM）委员以来，更是多方得到他的指导和帮助。

——L. Lamas 博士（国际岩石力学学会秘书长，2003 年至今）。笔者与 L. Lamas 博士相交也有 30 多年了。让笔者特别感动的是：为庆祝国际岩石力学学会中国国家小组成立 30 周年，他在给笔者的来信中说："I can not help stressing the important role played by you, Prof. Fu Bingjun, who so efficiently have supported the Group's activities and its relations with the ISRM"（"我不得不强调你所起的重要作用。是你，傅冰骏教授，如此有效地支持了国家小组的各项活动，促进了国家小组与国际岩石力学学会的关系"）。随后，我们将该信全文刊载于中国岩石力学与工程学会出版的《回顾与展望》一书中。

——Nick Barton 博士与夫人 Eda Quadros 博士（后任国际岩石力学学会主席，2015—2019）。笔者与 Barton 博士从 20 世纪 80 年代初，因共同参加中外联合咨询就相识了，与 Eda 博士也有近 30 年的交往史。

这次有缘与国际好友们相聚，照例握手、拥抱，共叙思念之情。气氛十分温馨、热烈，使笔者真正体会到"有朋自远方来，不亦乐乎"的寓意。在欢迎宴会上，大家举杯畅饮，齐声颂扬友谊地久天长。

此外，笔者还与久违的国内知名专家学者，如老领导孙钧院士、王思敬院士、哈秋舲总工程师以及同甘共苦、并肩战斗的孙广忠教授、林韵梅教授、董学晟教授等相聚。其中，与林韵梅教授的重逢特别令人怀念。

被国际岩石力学学会创始人 L. Müller 教授誉为国际交流"友好女大使"（friendly lady ambassador）的林教授是东北大学第一位女博士生导师，新就任的国际岩石力学学会主席冯夏庭教授就是她最得意的门生。由她和她率领的团队，先后于 1994 年、2002 年、2009 年、2012 年在国内卓有成效地发起并组织了 4 次"岩石力学与工程新进展国际学术会议"（International Conference on New Development in Rock Mechanics and Engineering）。笔者十分荣幸地被聘任为国际顾问委员会委员，并出席了历次会议，与林教授结下的友谊非同一般。不言而喻，这次重逢使笔者倍感荣幸、亲切、温暖。

至于对这次国际大会的评价，笔者想引用中外权威人士的话做一个高度概括。

林韵梅教授在接受媒体采访时深情地说："这次大会办得太好了，让我们老一辈岩石力学工作者非常欣慰和为你们感到骄傲！"

J. A. Hudson 教授在致钱七虎院士和笔者的来信中说："第 12 届国际岩石力学大会是我历年来参加的所有会议中最成功、最完美的一个会议，不管是学术活动，还是社会活动，都堪称一流。"

十、续谱华章，再创辉煌

自冯夏庭教授、何满潮院士接任中国岩石力学与工程学会理事长以来，更是亮点纷呈，喜讯不断，最突出的一个事例是：2018 年 11 月 19—22 日，以"展示中国岩石力学与工程进展，服务'一带一路'建设与发展"为主题的 CHINA ROCK 2018——第十五次中国岩石力学与工程学术年会暨工业展览会在北京九华国际会展中心隆重举行。此次会议是中国岩石力学与工程学会为深入贯彻落实中国科协"学会改革工作要点"的精神，在中国科协指导下，着力进行学术会议改革的一次成功实践。

这次会议堪称中国岩石力学与岩土工程领域的大规模、国际化、顶级学术盛会。参加会议的中外代表有 4060 人，除主会场外，还设有 27 个分会场、4 个国际分会场、8 场技术培训，展厅面积 3000 平方米，展位 110 个。会上还组织了青年创新、创业大赛，最后有 10 位青年精英脱颖而出，这一举措也是中外岩石力学发展史上罕见的。笔者因年迈体衰，碍难参会，但拜读有关报道后不禁拍案叫绝，激动万分。

此后，获悉我学会名誉理事长、监事长钱七虎院士荣获 2018 年度国家最高科学技术奖（2018 年 12 月 28 日），理事长何满潮院士当选阿根廷国家工程院院士（2018 年 12 月 18 日），理事长冯夏庭教授当选四大国际组织（ISSMGE, ISRME, IGS, IAEG）组成的国际地质工程联合会主席（2018 年 7 月 6 日），中国岩石力学与工程学会荣获中国科协"世界一流学会建设项目"奖（2018 年 11 月 7 日）等喜讯，更是心潮澎湃，激动万分。

十一、《英汉岩石力学与工程大辞典》成功出版发行

备受业界人士关注的《英汉岩石力学与工程大辞典》于 2016 年年末正式出版发行。该辞典包括 143000 个词条，涵盖了水利、水电、核电、石油、天然气、煤层气、采矿、冶金、铁道、交通、国防、城乡建设、环境保护、古遗址保护、CO_2 地质封存、地热开发、工程管理、人工智能等 18 个行业。

钱七虎、J. A. Hudson 担任名誉主编；冯夏庭、傅冰骏担任主编；蔡美峰、何满潮、刘大安担任副主编；编辑、审查委员会包括康红

普、李宁、李晓、杨晓杰、朱维申等共87位。该大辞典的出版发行历经艰难曲折。在初期阶段，笔者自恃有主编《英汉岩石力学词汇》（1987）及作为第一副主编出版了《工程地质与岩土工程英汉—汉英词典》（2009）的经验，对形势作了乐观的判断。但实际上，在终审阶段有3位重量级特邀知名专家先后知难而退，回归家园。此后，虽经多方努力却再也找不到合适人选。好在全体同人在学会领导的悉心关怀和指导下，争相知难而进，群策群力，众志成城，终于取得最后胜利。至此，笔者的岩石力学与工程生涯落下帷幕，此时已86岁高龄，垂垂老矣！

方祖烈

胸怀祖国　献身科学
为建设科技强国而努力奋斗

个人简介

方祖烈（1935— ），男，浙江淳安人。北京科技大学资源工程学院教授，博士生导师，曾任北京科技大学矿业研究所采矿研究室主任。曾开设"矿山岩石力学""井巷工程""高等岩石力学""地下工程稳定性分析""岩石力学新进展"等6门课程。培养硕士生6人、博士生9人。

长期从事岩石力学和采矿工艺原理研究工作。20世纪80年代初，参加"金川资源综合利用"科技攻关，先后获国家科学技术进步奖三等奖和部级科学技术进步奖二、三、四等奖各1项。1989年"金川综合资源利用"项目获国家级特等奖；20世纪80年代中期至90年代中期，主持冶金部地下矿山难采矿体开采技术攻关和新采矿方法试验研究，先后获省部级科学技术进步奖一、二等奖各1项；1995—1997年主持"金川二矿区二期工程无矿柱大面积连续开采稳定性及控制技术研究"；1995年以后还主持2项国家自然科学基金项目。1998年获部级科学技术进步奖二等奖。取得实用型国家专利2项、国家发明专利1项。出版专著3本，发表论文80余篇。

曾获"科技攻关先进个人""研究生优秀导师""地下矿山科技攻关做出突出贡献专家"等称号。1992年起享受国务院"政府特殊津贴"。

退休后，返聘到中国岩石力学与工程学会，担任过多届常务理事，曾任学会教育委员会副主任、软岩工程与深部灾害控制分会副理事长。在学会秘书处，先后任副秘书长、常务副秘书长、顾问秘书长。近二十年来，以主持人或专家身份曾参与120多项（包括"三峡工程""天眼"工程开挖系统等）重大工程科技成果评估和鉴定工作；作为主要编著者参与了《岩石力学与岩石工程学科发展报告》的编写和"新观点、新学说学术沙龙文集"的部分编写汇总工作。主持或参与国内外学术会议上百次。

我出生在浙江省淳安县王阜乡金紫村，那里的村民以开荒山种玉米为主要的生活来源。虽然从小就跟随父母上山干农活，但我始终没有中断读书。1950年我从淳安县初级中学毕业后考入浙江省严州中学，并光荣加入中国共产主义青年团，后来担任严州中学共青团总支书记。1953年我考入北京钢铁学院（现北京科技大学）资源开采系。"钢铁摇篮"哺育我成长。学校严谨的治学态度，使我学到了扎实的基础理论和专业知识；学校强调深入现场、重视实践，培养了我苦干实干的精神和解决实际问题的能力；学校蓬勃的体育运动，保证了我具有强壮体魄，为我日后62年繁重的工作任务打下基础。

2001年我65岁，从北京科技大学退休，到中国岩石力学与工程学会，先后担任副秘书长、常务副秘书长和顾问秘书长。主要是协助学会理事长策划、主持学会日常工作，具体包括：组织建设、学术交流、技术咨询、成果鉴定、科技奖励评审等工作。现虽年过八旬，仍在为祖国岩石力学与岩石工程建设和学科发展、科技进步孜孜不倦，奋力操劳。

回首往事，虽然我感到自己并没有虚度年华，但距离共产主义伟大理想和优秀共产党员的要求，仍然感到有许多不足，衷心希望年青一代把建设科技强国，实现中华民族伟大复兴的"中国梦"的伟大工程不断推向前进！

以下分4个部分，简要介绍我62年的成长、工作经历。

一、教书育人

1957年担任教师后，我的本职工作是教学。工作中能积极钻研业务，不断改进教学方法，注重教书育人。先后给大学生主讲的课程有"井巷掘进与支护""矿山岩石力学""井巷工程"等。参与编写 6 个院校联合主编的教材《井巷掘进与支护》。我主编的在校内发行和使用的教材有《岩石力学》《井巷支护》《竖井掘进与延深》《凿岩爆破与井巷掘进》等。

1979 年主讲"矿山岩石力学",1984 年主讲"井巷工程""岩石力学与井巷工程"时,由于授课时精简内容、突出重点、加强能力培养、组织启发性课堂讨论等,大大提高了教学效果,获得 1984 年全校教学改革成果奖二等奖。

1986 年起招收硕士研究生,1991 年起招收博士研究生。先后共招收研究生 15 名,其中硕士生 6 名,博士生 9 名。给研究生开设了"高等岩石力学""地下工程稳定性分析""软岩巷道支护理论和实践"等 6 门课程。主编和参编的研究生教材有:《高等岩石力学》《矿山岩体力学》《岩石力学新进展》《中国煤矿软岩巷道支护理论与实践》等。由于培养研究生成绩突出,1993 年,被北京科技大学授予"研究生优秀导师"称号。

我站在北京科技大学的讲台 40 余年,听过我授课的采矿专业大学生有很多,给我印象最深的是 83 名矿山干部进修班(简称"矿干班")的学员,他们有一定的矿山生产实践经验,对理论知识的

△ 知名教授于学馥、周维垣、廖国华参加我研究生答辩

△ 研究生优秀导师证书

渴求十分强烈。在课堂上他们总是聚精会神，两眼炯炯有神地盯着我，生怕漏掉精彩内容。这场景深深地触动了我的心，令我深感作为人民教师责任重大。80多名矿干班学员毕业后很快就成为各个矿山企业的技术骨干，有一半以上担任了矿山生产的各级领导。

我招收的15名研究生中有7名已是湖南大学等有关高校的教授、博导；有5名是相关单位董事长、负责人。我感到既欣慰又骄傲。

二、科学研究　攻坚克难

作为重点高等学校教师，献身科学、积极参加科学研究，既为国民经济建设做贡献，又不断更新、创新专业学科内容，这是教师的基本职责。

1978年后，我长期深入矿山，结合实际，选择国民经济建设中的重大课题进行科学研究，取得了一批重要成果。

1986年，作为"金川资源综合利用"科技攻关做出重大贡献的先进个人受到国家科委表彰；1987年被学校授予"先进科研工作者"称号；1986年后，连续8年在冶金部重点地下矿山进行科研攻关。我在矿山吃苦耐劳、埋头苦干，攻克了一系列科技难关，受到了矿山领导和工人的广泛好评。1993年，作为在地下矿山科技攻关中做

△ 金川资源利用科技攻关受表彰证书　△ 北京钢铁学院先进科研工作者奖状

出突出贡献的专家受到冶金部的表彰和奖励。

1."金川资源综合利用"科技攻关

在"金川资源综合利用"科技攻关中,我是课题现场负责人,我校负责的子项目有:

(1)针对金川矿区不良岩层位移大的特点,研制了"BM-1型机械式多点位移计"并成功运用于攻关实践中,1981年12月通过冶金部和国家有色金属工业管理总局鉴定,1986年获国家科学技术进步奖三等奖。

(2)通过对"金川二矿区不良岩层巷道地压活动规律及其控制方法"的研究,找出了金川矿区以前不良岩层巷道施工中采用多种支护形式都难以维护的原因;查明了不良岩层巷道地压类型;总结了地压活动规律;提出了金川不良岩层巷道支护原理和设计方法。该项目1983年7月经中国有色金属工业总公司鉴定,认为该成果具有国内外先进水平,获部级科技成果奖二等奖。国家科委将其列为国家级重大科技成果,并在《科学技术研究成果公报》1985年第8期上正式公布。

(3)开展"金川矿区不良岩层巷道围岩变形控制与喷锚支护技术"的研究,该研究针对金川不良岩层特点,提出了一整套控制围岩变形的原则和方法。经冶金部1981年7月鉴定,获部级科技成果奖三等奖。

(4)1995—1997年,我作为项目负责人,带领科研人员进行"金川矿区二期工程无矿柱大面积连续开采稳定性及控制技术研究"。专家鉴定认为:该项目总体上达到国际先进水平,在数值分析等某些领域达到国际领先水平;1998年获部级科技进步奖二等奖。

在金川资源综合利用的科研项目中，我的主要贡献是：经过长期工程实践和理论分析，在软岩维护上逐步形成了以下新观点：

（1）根据岩层不同属性、不同地压来源，从分析地压活动规律入手，运用信息化设计法，使支护特性和施工工艺过程不断适应围岩变形的活动状态，以达到抑制围岩变形、维护巷道稳定的目的。

（2）运用两阶段设计程序，采用两次支护原理：一次支护紧跟掘进进行，起到及时、密贴、封闭作用，既有一定初撑力，又有相当大柔度；二次支护在围岩变形速率明显下降时上支护，应有一定刚度和强度。

（3）支护手段：综合治理、联合支护、长期监测，确保工程长期稳定。

"六五""七五"期间，我从事的科研项目所取得的成绩，在巷道维护部分都是归功于运用了以上基本原理。

△ 金川公司二矿区主料坡道　　　　△ 在金川龙首矿留影

2. 西石门铁矿采矿技术攻关研究

1986—1993年，参加了"西石门铁矿采矿技术攻关和采矿方法试验研究""西石门铁矿难采矿体综合生产能力攻关"工作，该课题为冶金部"七五""八五"重点攻关项目，我是课题负责人。经过8

年拼搏，试验成功了"垂直平行密集束状孔落矿有底柱崩落法"，并根据矿体特点，系统研究了该采矿方法的主要工艺，形成了具有特色的关键技术系列，为解决我国金属矿缓倾斜、中厚难采矿开采开辟了一条新途径，为我国地下采矿增添了一种新的采矿方法，是缓倾斜、中厚难采矿开采技术上的重大突破。1990年9月通过冶金部鉴定，认为该成果属于国内首创，达到国际先进水平，具有重大社会效益和经济效益，获冶金部科学技术进步奖二等奖。

1991年该科研成果被扩大推广，并在难采矿开采技术上又有新的进展。1991年年底，该项目获河北省科学技术进步奖一等奖。

△ 西石门铁矿科研攻关组在井下　　　△ 获奖证书

3. 国家自然科学基金研究项目

1995年以后，我主持2项国家自然科学基金项目，在爆破模型全场应力定量研究方面取得重大突破，其主要成果刊登在《中国科学技术文库》（1997年10月出版）上。

4. 专利

曾取得实用型国家专利2项（深孔气动装药装置，专利号：90.2.15673x；地下巷道支护装置，专利号：96104685.6）和国家发明专利1项（固态乳化复合粒状炸药及其制造方法，专利号：z196104685.6lj）。

5. 参与编写的专著

（1）《岩石力学与岩石工程学科发展报告 2016—2017》，2018 年 3 月由中国科学技术出版社出版，我是综合报告主要执笔人之一，专题报告最终审编者。

（2）《岩石力学与岩石工程学科发展报告 2009—2010》，2010 年 4 月由中国科学技术出版社出版，我是综合报告主要执笔人之一，专题报告最终审编者。

（3）《汶川大地震工程震害调查分析与研究》，2009 年由科学出版社出版，我是主要参编人员。

（4）《深部岩石工程围岩分区破裂化效应》，2008 年由中国科学技术出版社出版，其中我的论文名称为《深部围岩力学形态——拉压域特征》。

（5）《面向国民经济可持续发展的岩石力学与工程》，1998 年由中国科学技术出版社出版，其中我的论文名称为《金川无矿柱大面积连续开采稳定性三维离散元分析》。

（6）《世纪之交软岩工程技术现状与展望》，1999 年由煤炭工业出版社出版，其中我的论文名称为《拉压域特征及主次承载区的维护理论》。

（7）《中国科协首届学术年会论文集》，1999 年由中国科学技术出版社出版，其中我的论文名称为《地下工程围岩稳定可靠度分析》。

（8）《中国煤矿软岩巷道支护理论与实践》，1996 年由中国矿业大学出版社出版，我是主要参编人员。

（9）《第七届国际岩石力学大会论文集》，1991 年出版，我的论文名称为：《西石门铁矿地应力量测与应力场的反分析》（*Stress* measurement and analysis in Xishimen Iron Mine）。

（10）我还参与了中国科协"新观点、新学说学术沙龙文集"第21卷、51卷、80卷的编写汇总工作，并由中国科学技术出版社出版。它们是：《深部岩石工程围岩分区破裂化效应》（2008年）、《岩爆机理探索》（2011年）、《地球演化与全球变暖》（2014年）。

6. 发表的论文

发表的论文总共有 80 余篇，主要的代表作有 5 篇：《软岩巷道维护原理与控制措施》《动光弹与全息干涉结合进行双孔同时起爆应力全场的定量分析》《垂直平行密集束状孔落矿的有底柱崩落采矿法》《金川二矿区不良岩层巷道地层活动规律及控制方法研究》《西石门铁矿盘区开采顺序优化的数值模拟试验》等。

1992 年，为表彰我在科学与教育事业中做出的突出贡献，国务院决定从 1992 年 10 月起发给政府特殊津贴。

△ 国务院政府特殊津贴证书　　△ 参加全国软岩支护方法研讨会

三、科技咨询、科技评估，服务于国家重大工程建设

我还投入了相当一部分精力到国家重大工程的建设现场，做了些具体的科技咨询及第三方科技评估工作，主要涉及水电工程、南

水北调工程、矿山工程、铁路工程和公路工程等。我将自己积攒的科研理论知识结合工程实际，应用到工程项目建设中，为解决国家重大工程问题贡献了自己应有的力量。

水电工程中最具代表性的是三峡工程，其中最大的岩石工程是双线连续五级永久船闸。它设置于自山顶劈岭下切的岩槽中，船闸主体长 1621 米，连同上、下引航道，船闸总长 6442 米，土石方 4166 万立方米，规模之宏大、工况之复杂，世界罕见。我作为咨询专家参与了中国岩石力学与工程学会派出的科技咨询团，经过长达几年的工作，提出了咨询报告，为这项世界级岩石工程提供了多方面的咨询意见，贡献了自己的微薄之力。

我国有大批大型和超大型水电站正在建设中，其中相当一部分地处青藏高原向四川盆地过渡带，地质条件十分复杂，遇到的是高地应力、岩爆、涌水等世界性技术难题。2007—2010 年，受业主、设计单位和施工单位邀请，中国岩石力学与工程学会先后 4 次组织国内外知名专家到现场进行技术咨询。为解决有关水电站施工技术难题，我作为咨询专家之一，提出了相关的咨询报告，对保证水电站施工安全起到了积极作用，为我国锦屏水电站的顺利投产做出了自己应有的贡献。

南水北调是新中国成立后我国最大的水利工程之一，它分东线、中线和西线。我曾作为主要专家多次参与中线工程关键技术研讨和工地考察工作，就加强勘

△ 锦屏二级水电站引水隧洞咨询专家合影

△ 科技工作者建议书

测、精心设计、合理选择施工方案、项目科学管理等提出了许多合理化建议。

2009年4月，我作为与会专家参与了中国岩石力学与工程学会组织的"纪念汶川地震一周年抗震减灾学术讨论会"。会上我和有关院士、专家一起提出了"汶川地震灾区重建的若干建议"，此建议由中国工程院以"工程院院士建议（第154期）"正式呈报给党中央、国务院有关领导。

随着西部大开发战略的实施，我国西部城市进入高速发展期，山区地质灾害对城市规划和建设带来的严峻挑战也更为凸显。为深入研究我国山区城市建设中地质灾害防治面临的突出问题，依靠科技力量实现山区城市的合理规划与安全建设，推动西部地区社会经济又好又快发展，我积极参与中国岩石力学与工程学会举办的"城市建设与地质灾害防治学术论坛"，并和其他与会的院士、专家一起提出了两份建议：一是"加强山区城市地质灾害防治迫在眉睫"，此建议由中国科协以"科技工作者建议"的形式呈报给时任国务委员的刘延东同志；二是"加快兰州城市规划建设地质灾害防治建议"，此建议由甘肃省人民政府办公厅进行了转发。

第三方科技成果评估是中国岩石力学与工程学会为会员服务的重要方式。自担任学会专职副秘书长后，我先后主持和参与的科技评估项目有上百项，现选择近年来主要的几项，简述如下。

（1）主持"天眼"（FAST）工程开挖系统关键技术及安全性研究成果鉴定会。

2017 年 11 月 24 日，我在贵阳主持了"天眼"工程开挖系统关键技术及安全性研究成果鉴定会。FAST 台址的岩土工程，是世界上利用大型岩溶洼地建设的最大工程，是国家重大科技基础设施。它以全新的设计思路，开创了建设巨型射电望远镜的新模式，其技术成果达到国际领先水平。

△ 在"天眼"底部考察基础工程

（2）主持"高速铁路复杂岩溶勘测成套技术及应用"项目成果鉴定会。

2018 年 3 月 25 日，我在成都主持了"高速铁路复杂岩溶勘测成套技术及应用"项目成果鉴定会。鉴定委员会包括 6 名院士和 2 名勘测设计大师。该成果形成了高速铁路复杂岩溶"空、天、地"一体化勘测技术体系，具有国际领先水平。

（3）组织参与大型露天矿山边坡稳定性评价技术成果鉴定会。

2018年5月8日，我组织参与了由绍兴文理学院等单位完成的"浙江省露天矿山边坡稳定性评价"项目成果鉴定会。中国工程院钱七虎、陈毓川、王思敬、多吉、康红普、毛景文等6位院士出席了此次鉴定会。

△ 项目成果鉴定会现场

（4）参与评审"专岩杯"全国青年岩石力学与岩土工程创新创业大赛。

2018年11月21日，我作为评审专家参与"专岩杯"全国青年岩石力学与岩土工程创新创业大赛，与青年学者分享科研经验。我在现场的点评受到青年学者们的广泛好评。

△ 参加鉴定会人员合影（前排是我和6位院士）

△ "专岩杯"评奖会场

四、我和学会共成长，同几任理事长一道为学会发展保驾护航

在 1978 年召开的全国科学大会上，金川、包钢、攀钢被列为全国三大综合利用基地，时任国务院副总理兼国家科委主任的方毅同志亲自抓基地建设，并亲自出面邀请世界知名的岩石力学专家陈宗基教授来金川指导科技攻关工作。北京钢铁学院（简称"钢院"）是主要攻关单位之一，我有幸作为钢院攻关队伍现场负责人，参与了金川资源综合利用攻关全过程。

1982 年，中国岩石力学与工程学会筹备组负责人陈宗基教授提议在金川以"筹备组"名义召开全国第一次"地下工程经验交流会"，在会上我代表北京钢铁学院科技攻关组，做了"金川矿区不良岩层巷道围岩变形控制与喷锚支护技术"的学术报告。会后，陈宗基倡议，在中国岩石力学与工程学会正式成立之前，首先在金川成立"中国岩石力学与工程学会金川分会"，作为试点和样板。我作为与会者之一，曾和于学馥教授一起积极推动了这项工作的进程。

1985年6月，中国岩石力学与工程学会成立暨复杂岩石中的建筑物学术研讨会在北京香山召开。我出席会议，并受大会组委会邀请，做了"金川矿区复杂岩体巷道稳定性研究"的学术报告。会议决定学会成立4个工作委员会，其中教育工作委员会由于学馥教授任主任委员，我任秘书长。1991年12月，教育工作委员会进行了换届选举，于学馥教授继续担任主任委员，我为副主任委员兼秘书长。1995年4月，教育工作委员会换届后，我改为在学会秘书处工作。在学会第三至第五届理事会期间，我担任学会秘书处副秘书长；第六至第七届理事会期间，我担任常务副秘书长；第八届理事会至今担任顾问秘书长。

我全程参与了中国岩石力学与工程学会第一次至第十五次全国岩石力学与岩石工程学术大会。第三次至第七次是作为学会副秘书长参与会议筹备工作，主要参与筹划各项学术报告内容的确定和邀请；第八次至第十五次则是作为主管学术活动的常务副秘书长，协助理事长全面负责学术大会筹备工作，特别参与大会"主题""专题"

△ 中国岩石力学与工程学会教育工作委员会部分成员合影

△ 参加国际学术会议

以及特邀报告、专题报告的推荐等方面的工作。我亲自见证了学会如何紧跟时代步伐，把我国一系列举世瞩目的大型岩土工程中高水平理论和科技创新成果推向全国，走向世界。每次学术大会都会紧密结合岩土工程建设热点、难点；有原创性理论、观点和成果，体现学科发展前沿和趋势；有典型重大工程实例剖析。每次会议都有新观点、新成果、新进展，一次会议上一个新台阶，达到一个新水平。

我除了参与会议筹备工作，在会议进行中还要认真听报告和参与讨论，以便在会议纪要中把最精彩的学术成果亮点放进去。正是我全程参与的这十五次学术大会，使我能够从全局上把握岩石力学与岩土工程学科发展的动向；使我在各项科技评估和科技奖励评审工作中有足够的发言权；使我有底气作为主要执笔人之一，两次参与编写世界上独一无二的岩石力学与岩石工程学科发展报告。

除了全国学术大会，我还积极参加与学会有关联的各种学术会议，比较重要的有"软岩工程和深部灾害控制15次系列会议"。我长期作为这个专业分会的副主任，经常在各系列会议上做报告或主持专题讨论；我3次主持和参与相邻学科学会联合举办的学术会议，经常能擦出科学的"火花"，受益匪浅。另外，我还参加过3次国际岩石力学大会、3次亚洲岩石力学大会、4次SINOROCK国际岩石力学系列会议、3次"中俄矿山深部开采岩石动力学系列高层论坛"。这些学术会议使我进步很大，收获良多。

与其说我是和学会一起成长，倒不如说是学会为科技工作者服务的这一平台培育我成长，使我能在科技创新的海洋中遨游，在建设科技强国的征程上拼搏。

2003年自钱七虎院士担任学会理事长以来，我一直是主持秘书处日常工作的常务副秘书长，在理事会领导下，协助理事长谋划学会的改革、发展、创新、提升。

钱院士担任理事长后,组织建设上第一件事就是抓"清理整顿"。秘书处分几个调查组到各个二级机构,要求我落实所有二级机构要有专人、有办公室、有经费,没有的要限期改进。我协助钱院士具体落实学会秘书处"十人制"框架建设,为学会工作迈向全面发展振兴打好组织基础。

钱院士有很强的人格魅力,工作一丝不苟,雷厉风行,在他的直接领导下,我只有兢兢业业,努力跟上他前行的步伐。在钱院士和冯夏庭理事长的指导下,我着手对学会整个学术活动进行了顶层设计,打造系列化、多方位、高层次的学术交流格局,形成有很大影响力的国内外学术交流品牌。作为中国矿业科学协同创新联盟(简称"联盟")第一届理事会秘书长,我协助何满潮院士参与了联盟的创建工作。联盟推广的"110工法""NOO工法"深受同行的高度评价和广泛认可。

我参与策划、组织的科技成果评估已常态化、制度化。我参与了学会的全部科技咨询工作,有时作为专家组成员,有时作为组织者。学会科学技术奖励坚持公平、公正、公开的原则,完善评审秩序,建立严谨的评审过程,已形成岩石力学与岩土工程领域具有代表性、权威性的品牌奖项。

我还协助理事长全面策划、积极推动提升学会"四个能力"建设。在中国科协领导和资金的支持下,建设工程分为两期:2012—2014年为第一期"学会能力提升专项(二类)",2015—2017年为第二期"学会创新和服务能力提升工程(二类)"。学会围绕提升服务创新能力、服务政府和社会能力、服务会员和科技工作者能力和自我发展能力等,上下齐心协力,开拓创新,拼搏进取，推动了各项工作全面发展，取得了巨大成绩，学会正在成为在国内外有巨大影响力的现代优秀科技社团，并正向世界一流科技社团迈进！

五、积极参加学会的各项活动

1. 在"钱七虎院士先进事迹会"上发言

钱七虎院士获得2018年度国家最高科学技术奖。

2019年2月21日，中国岩石力学与工程学会主办的"弘扬爱国奋斗精神　建功立业新时代"——学习钱七虎院士先进事迹报告会在京举行。图为我作为老专家代表发言。

△ 在学习钱七虎院士先进事迹报告会上发言

2. 协助组织 CHINA ROCK 2018——第15次中国岩石力学与工程学术年会

2018年11月21日，我作为 CHINA ROCK 2018——第15次中国岩石力学与工程学术年会大会副主席，在闭幕式上发言致辞。此次盛会具有"国际化、规模化、一体化"的特点，参会代表达4060人，共计5个国际分会场、27个分会场、100个标准展位，是学会品牌性学术会议。

△ 在第 15 次中国岩石力学与工程学术年会闭幕式上发言

3. 赴印度参加 2010 年亚洲岩石力学大会

2010 年 10 月 25 日，我代表中国国家小组赴印度参加 2010 年亚洲岩石力学大会。

△ 2010 年在印度参加亚洲岩石力学大会

4. 赴韩国参加 2012 年亚洲岩石力学大会

2012 年 10 月 14 日，参加在韩国首尔举行的"第七届亚洲岩石力学大会"。

△ 2012 年在韩国和钱七虎一起参加亚洲岩石力学大会

5. 参加 2014 年中俄高层论坛

"第四届中俄矿山深部开采岩石动力学高层论坛暨中俄深部岩石力学与工程科技联合常设论坛"于 2014 年 7 月 28 日在俄罗斯符拉迪沃斯托克举行。

△ 2014 年在俄罗斯参加中俄高层论坛

6. 参加 2009 年全国学会学科发展研究理论研讨班

我于 2009 年赴满洲里参加"全国学会学科发展研究理论研讨班",并参与编写《学科发展与科技创新研究》。

△ 2009 年参加学科发展理论研讨班

7. 组织并参与撰写系列专著

△ 部分系列专著

8. 退休后的业余生活

退休后，我的生活也十分丰富，参加离退休干部处的老教授合唱团，经常参加一些纪念活动和歌咏比赛，有时还和国外的老年朋友联欢。

△ 参加歌咏比赛

程良奎
在挖掘岩土潜能的道路上奋力前行

个人简介

　　程良奎（1935— ），男，江苏溧阳人。岩石力学与岩土工程专家，我国喷射混凝土、岩土锚杆与锚固结构技术领域的主要开拓者和学科带头人。

　　1965年，他在国内首先主持研究成功喷射混凝土支护技术，并很快与岩石锚杆相结合，引发了我国隧道、洞室传统支撑结构的根本变革。50多年来，他带领科研团队坚持走奋力挖掘岩土潜能的创新之路，成果累累。他作为第一完成人，获国家科学技术进步奖2项、全国科学大会奖2项、省部级科学技术进步奖15项。他是我国第一部国家标准《锚杆喷射混凝土支护技术规范》的主编，至今共主编国家及行业技术规范规程8部，出版专著9本，是我国岩土锚杆与锚固结构学科的主要创建者。他深入研究和揭示了隧道围岩与锚喷支护的共同工作机制，发展和提升了岩石加固拱理论，倡导的锚喷支护设计、施工与全程监控量测相结合的理念，能大幅度抑制塑性流变围岩变形，有效提高软岩隧洞的稳定性。他对锚杆与岩土体相互作用机理的研究也颇有建树，首先提出岩土锚杆黏结长度对黏结强度影响系数 ψ 的概念，对合理确定锚杆承载力具有重要作用。他领导科研团队在国内首创成功的荷载分散型、后高压灌浆型、可拆芯型和缝管摩擦型等多种工作性能独特优异的岩土锚杆（索）技术用于复杂多变的地层中，显著提高了各种锚固结构的适应性、稳定性和经济性，为我国全面实现隧道、洞室、边坡、深基坑、结构抗浮和受拉基础支护体系及稳定技术的根本变革与跨越发展做出了重要贡献。

　　曾任冶金部建筑研究总院研究室主任、总院副总工程师，教授级高级工程师。国际岩石力学学会中国小组成员、中国岩石力学与工程学会常务理事、岩石地下工程专业委员会副主任委员、技术咨询工作委员会主任委员、中国岩土锚固工程协会理事长。

一、在国内率先研究成功喷射混凝土支护技术

20世纪60年代，我国矿山与交通隧洞建筑技术一般采用木支架和现浇混凝土衬砌等传统支护，坑木及混凝土用量大，建造速度慢，严重地制约了矿山及地下工程建设的发展。在苏联地下矿山发展装配式钢筋混凝土支架的影响下，我和庄秉文、鹿士廉、苏自约等人研究出一种五铰拱型钢筋混凝土支架，在金川矿山巷道内支护了40m，但因结构笨重，安装复杂，支架与围岩接触条件差，特别是不能紧随工作面安设，不受欢迎，无法推广。

1963年，我查阅了国外的有关文献，得知奥地利、瑞士等国在阿尔卑斯山地区的陶恩公路隧道中使用喷射混凝土锚杆支护获得良好效果，由我翻译编写的《喷射混凝土及其在国外地下工程中的应用》一文，很快在《冶金建筑》刊出，之后我毫不迟疑地向室、院两级领导提出申请，研究一种支护与围岩紧密黏结、组成共同工作的新型支护体系——喷射混凝土支护技术，很快就得到了院领导的批准。

喷射混凝土支护技术是一门涉及工程机械、混凝土材料、岩石力学、工程地质等学科的综合性技术。当时从事该专题研究的只有我和王岳汉、苏自约等4人，平均年龄才26岁，在既无资料，又无国外引进的实物的情况下，困难是不少的，但我们有理想、有干劲，4个人紧紧地抱成一团，经过近一年的努力，不断调整和改进混凝土配合比、骨料粒径与级配、速凝剂品种与掺量，以及喷射工艺参数，逐一解决了管路堵塞，喷射形成的混凝土松散、流淌或出现干斑、砂窝或回弹率高等问题。

1965年9月，在经历无数次失败后，我们终于在国内率先研究

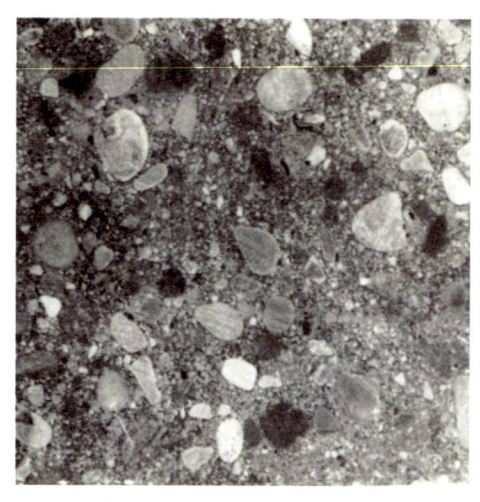

△ 喷射混凝土剖面图（摄于 1965 年 9 月）

成功喷射混凝土支护技术，完成的喷射混凝土结构致密，抗压强度达 250kg/cm^2，黏结强度也较高。我们随即与第一冶金建设公司第三井巷公司合作，于同年 11 月成功地将喷射混凝土支护技术用于鞍钢弓长岭矿山巷道工程。1966 年 4 月，新华社、《人民日报》和北京广播电台等新闻媒体做了报道，在巷道工程界引起强烈反响。我们没有沉迷于成功的欢乐中，深知这仅仅是开始，今后的路程还很漫长。同年，我们又在国内率先将喷射混凝土与锚杆相结合的支护体系用于本钢南芬选矿厂一条长 2km 的穿过钙质、碳质和泥质页岩互层的输水隧洞和攀钢专用铁路隧道，并首次用喷射混凝土加固北京地铁（古城段）被火灾烧伤的混凝土衬砌，成效显著。

随着喷射混凝土支护技术的广泛应用，其积极发挥围岩自支承能力的显著作用也逐渐被揭示出来。

喷射混凝土能射入岩层表面的裂隙节理，把被裂隙分离的岩体联结起来，有效地阻止了岩块的松动或滑移；它填补了岩层表面坑坑洼洼的不平整处，避免或减缓了危石的应力集中现象；它提供了紧贴岩面的封闭层，隔绝了水和空气对围岩的风化和剥蚀作用；它能以最短的时间，紧跟掘进工作面施工，大大缩短了"掘进—支护"之间的间隔时间，有利于迅速控制或稳定围岩的松动，这样就大大提高了围岩自稳和自支承能力。喷射混凝土同岩层紧密地黏结和咬合，实际上围岩和支护就成为不可分割的共同受力体系。于是，一向被看作荷载的岩层就转化为承载结构的重要组成部分。

此外，喷射混凝土支护不用模板，无须壁后充填，又可以把混凝土运输、浇筑和捣固等工序简化成一条作业线，工序简单，机动灵活，改善了劳动条件，极大地加快了隧洞的建造速度。

毋庸置疑，迅速崛起和发展的喷射混凝土支护技术为实现我国隧洞与地下工程传统支护方法的根本变革奠定了基础。

二、加强喷锚支护与围岩相互作用的研究，为喷锚支护理论体系的建立打下基础

在我国喷锚支护技术快速发展的过程中，工程界普遍提出这样一个问题：为什么薄薄的10cm厚的喷射混凝土支护或它与长度2.0～3.0m的岩石锚杆相结合的支护能够取代厚40～50cm的现浇混凝土衬砌而且更为安全可靠呢？这是一个十分尖锐的问题，它使我们更加清醒地认识到，在充分揭示喷锚支护与围岩紧密结合和最大限度发挥围岩自支承能力的基础上，建立喷锚支护的理论体系是迫切任务。

1970—1983年，我们一方面在院内结构实验室开展用薄层喷射混凝土和锚杆支护加固的模拟块状岩石拱的荷载试验和预应力锚杆锚固均质岩体的光弹试验；另一方面则先后在南京梅山铁矿、金山店铁矿、金川镍矿

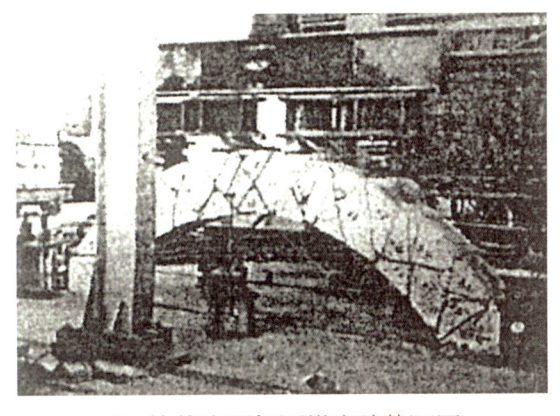

△ 块状岩石加固拱实验状况图

建立喷锚支护试验与应用基地，开展"围岩—喷锚支护"力学特性与整体稳定性的监测与研究工作。

我和庄秉文主持完成的用薄层喷射混凝土或系统布置的黏结型锚杆加固模拟块状或碎块状岩石拱的荷载试验，取得了极佳的效果，这是始料未及的。

试验结果清楚地表明，对于块状或碎块状岩石组成的岩石拱，即使自承能力极低，当采用薄层（10cm）喷射混凝土或短锚杆支护后，其喷锚支护的黏结效应和整合作用，不仅能保持或提高块石间的镶嵌咬合效应，阻止岩块的变形、松动和破坏，还能明显地调动块状岩石拱自身的支承能力，显著提高"围岩—喷锚支护"结构体的承载能力和整体刚度。

我们还完成了采用预应力锚杆加固的均质岩体的光弹试验，与未被锚杆加固的模型应力图比较可以看出，由于锚杆预应力的作用，切向应力值在巷道边界上增大了约2倍，而沿截面的受拉区高度仅为未用预应力锚杆加固的模型的 $1/6 \sim 1/5$，即缩小了受拉区，扩大了受压区，促使围岩更多地处于双向受压状态，当用预应力锚杆群加固围岩时，则在锚固内形成压缩带，改善了围岩应力状态，对维护围岩的稳定性是十分有利的。

三、设计、施工与全程监测相结合的喷锚支护

20世纪七八十年代，"金川镍资源综合利用"是国家重大科研攻关课题之一。我主持的"金川矿区不良岩层巷道变形控制与喷锚支护研究"是其中的一个子课题。参与这项课题研究的还有金川公司、冶金部北京有色冶金设计院、北京钢铁学院和中国科学院地质研究所等单位的科研人员。

金川矿区出露前震旦系古老变质岩，经历次构造变动留下了以断裂为主的构造形迹，地质构造极为复杂，地应力大（在构造应力场作用下，埋深480m的巷道中曾测得的最大水平主应力达32MPa），开掘后呈现松散和挤压现象，围岩变形量大（采用传统支护，围岩收敛变形值常达80～100cm），并具有明显的流变效应。采用传统支护，常常多次返修，仍不能维持巷道稳定，严重地影响了矿山的正常生产和建设。

采用监控设计的试验巷道位于该矿西副井1150水平井底车场双轨运输巷道内。

经过深入的调查研究后，研究组成员一致认为，控制高挤压塑性流变围岩的变形，保护围岩固有强度与自支承能力，是试验巷道喷锚支护能否有效保持稳定性的关键。随后，我们制订了以下设计、施工与监控量测相结合的实施方案。

在金川矿区不良岩层巷道喷锚支护设计、施工的全过程中，我们严格按监测数据的变化调整支护参数。

1980—1984年，我们科研团队在获得喷锚支护加固模拟块状岩石拱试验研究、预应力锚杆加固均质岩体光弹试验和金川矿区不良岩层巷道变形控制与喷锚支护研究等科研成果的基础上，在《地下工程》《工业建筑》《有色金属》《煤炭科学技术》等刊物及有关学术会议上发表论文20余篇。这些论文揭示了喷锚支护与围岩相互作用及共同工作的力学机制，论证了喷锚支护理论，也进一步阐明了监控量测对运用喷锚支护充分调动围岩自支承能力的必要性和重要性，促进了我国地下工程喷锚支护技术的发展，并为我国首次颁发的国家标准《锚杆喷射混凝土支护技术规范》（GBJ86—85）的制定提供了理论与实践支撑，对我国岩土锚杆与锚喷结构学科的建设也发挥了积极作用。

四、在中国岩石力学与工程学会大家庭里学习成长

1983年，国际著名岩土力学家陈宗基先生在金川镍矿主持了全国地下工程经验交流会。这是我国岩石力学与工程界的一次空前的盛会，实际上也是中国岩石力学与工程学会成立前的一次预备会议。陈先生所做的"关键是要有一个正确的概念"的学术报告，指明了我国岩石力学与工程科学发展的方向与基本任务，对我的岩土人生轨迹发生了重要的影响。会上，许多代表做了学术报告，令我受益匪浅。我也做了"喷锚支护的工作特性与作用原理"的报告，用科学研究数据与成果，分析并揭示了喷锚支护的及时性、黏结性、柔性、深入性、灵活性和密封性等工作特性，并提出这些工作特性是构成最大限度利用和发挥围岩强度和自承能力的基本要素，受到与会学者和专家的普遍关注。

1985年，中国岩石力学与工程学会在北京隆重成立，陈宗基先生当选为理事长，陈宗基、王武林、牛锡倬、于学馥、周维垣、陶振宇、朱可善、梅剑云、孙广忠、朱维申、傅冰骏等21人被推选为常务理事。不曾想到的是，我和梁炯鋆（原总参工程兵四所）、刘启琮（原铁道科学院铁建所），三个研究方向基本相同的人，竟会在大会上同时入选学会一届常务理事会。或许由于我是一届常务理事会中最年轻的一个，学会秘书处安排我作为青年科技工作者的代表，在大会上发言。

学会成立后，陈宗基先生曾多次召见过我。一次是他同时召见了王武林、朱维申、白世伟和我，好像金川公司的金总也在场，要我们三家（指中科院岩土力学所、金川公司和冶金部建筑研究总院）

△ 1986年1月，中国岩石力学与工程学会一届二次常务理事会议在北京召开时的合影（前排右4为学会理事长陈宗基先生）

联合起来，组成研究组，深入研究金川不良岩层的力学性质和喷锚支护方法，并说由他来负责科研立项与经费问题；一次是在他的岩土工程咨询公司办公室里，主要询问和研讨关于抚顺露天煤矿滑坡整治工程采用预应力锚杆相关试验技术事项；还有一次是在清华大学召开的学会常务理事会扩大会议的间隙，他十分亲切地鼓励我说："你研究的岩土预应力锚固技术大有作为，要好好干。"陈先生的教诲至今仍在我脑海里回荡。

在中国岩石力学与工程学会的大家庭里，我深刻地感受到这个学术组织的温暖和力量。我开始能够经常接触到岩石力学与岩土工程学界的一些大家们，如于学馥、王武林、牛锡倬、刘天泉、朱维申、王思敬、孙广忠、陶振宇、郑颖人、周维垣、张清、梅剑云、梁炯鋆等。他们渊博的理论知识、理论联系实际的学术思想、严谨的学风和实事求是的科学精神都深深地感染着我，他们对我工作上的热情帮助与支持，也给我增添了无穷的力量。

在担任学会常务理事的 30 年里，我先后任岩石地下工程专委会副主任委员和技术咨询工作委员会主任委员，1988 年新组建的受中国施工企业管理协会领导的中国岩土锚固工程协会，一致推选我出任理事长，这样我就有更多机会参加国内外学术交流活动和重大岩土工程项目的设计方案论证、工程技术咨询和工程病害处置工作。在"三峡永久船闸中隔墩开裂与直立边坡稳定性"研讨会上，我作为中国岩石力学与工程学会专家组的成员，提出了关于提高预应力锚索钢绞线截面设计的安全系数，对穿型锚索应采用无黏结钢绞线和按国家规范要求严格做好锚索验收试验，以确保直立高边坡的锚固质量与工程稳定的三点建议，得到了设计方和业主方的认同与采纳。在由国家科学技术委员会主持的长江链子崖、黄蜡石滑坡治理研讨会上，我提出应采用承载力较高（2000～3000kN）的预应力锚索群处理 50000m^3 危岩体的建议，也得到滑坡治理专家组组长孙广忠先生及其他专家的认同，此后也被有关设计与承建单位采纳。

在这些研讨会上，我都能从工程地质专家们的论见中，学习到许多关于用岩体结构和地质力学的理论分析岩土工程稳定性的论见与方法，受益匪浅。

随着我国土木、水利、建筑和矿业工程建设的迅猛发展，面对工程建设中的许多复杂的技术难题，我常感到自己专业水平的不足、理论知识面的欠缺，我必须学习，学习，再学习。

（1）向书本学习。我不断收集与我专业相关的国内外著作、规范、标准。1983 年出版的 *Anchoring in Rock and Soil* 一书，我院于 1985 年就翻译成中文，并于 1986 年在国内发行；英国 T.H. 汉纳的《锚固技术在岩土工程中的应用》（胡定、邱作中等译）一书，于1987年在国内发行后，我们在第一时间就购买了15本。这两本关于岩土锚固的名著我几乎一直带在身边，至今已不知翻阅了多少遍。

（2）向实践学习。根据工作需要，我先后深入20多个省、市，数百个矿井、隧道、地下厂房、高边坡、桥梁深基坑和混凝土坝工程现场，与工程师们一起研究分析锚固与喷射混凝土支护结构成功的经验，以及少量工程出现问题的教训。

（3）向国外学习先进的岩土工程理论与技术。我曾去加拿大、日本、美国、巴基斯坦、意大利、俄罗斯、澳大利亚、越南等国参加国际学术会议（参观新技术、新产品展览），考察先进的岩土工程技术，或与专家学者们面对面研讨岩土工程中的理论与实践问题。在加拿大多伦多，我出席了1989年国际隧道工程学术研讨会，会

△ 1989年在加拿大参加国际隧道工程学术研讨会期间，同孙广忠、侯学渊教授一起与著名学者、多伦多大学教授Hoek.E进行学术交流

后，我和孙广忠、侯学渊教授一起在多伦多大学与著名岩石力学学者 Hoek. E 教授座谈，听取了他对隧道围岩与喷锚支护相互作用及共同工作的精辟分析，我还与侯学渊教授一起考察了多伦多市多个用锚拉桩支护的深基坑工程。

应日本 PC 格构协会和 KTB 协会的邀请，我于 1994 年 11 月赴日讲学，在东京做了两次主题为"中国岩土锚固工程技术的现状与发展"的学术报告，参观了新潟市附近一条新建公路的多个（包括已建成和正在施工中的）边坡锚固工程。日本在边坡工程中广泛使用荷载分散型锚杆技术和工厂生产的外形呈十字形、菱形的预应力混凝土块体用作边坡传力结构，引起了我的极大兴趣，也对我在 20 世纪后期的研究工作产生了重大影响。

学习使我进步，学习使我增长知识，学习使我更清楚地认识到在岩土锚固与喷射混凝土支护工程技术领域，我们与英、美、日等国家的差距。学习使我增强了信心和力量，更明确了在挖掘岩土潜

△ 1994 年 11 月在日本讲学期间，与日本的专家、学者研讨岩土锚固工程技术

能的道路上奋力前行的方向和目标。

五、矿山巷道采场支护技术的新变革——缝管锚杆

1979年以前，我国隧道洞室支护普遍采用全长黏结砂浆锚杆，它是一种被动型锚杆，只有当围岩位移后，才能发挥受力作用，控制围岩变形能力差，特别对地下矿山经常遇到的高应力软岩及经受爆破震动工作条件的情况很不适应，常由于锚杆杆体与岩石结合面上的砂浆破坏而引起隧洞失稳。为了改变这种情况，我和冯申铎、王宪章等与湖南湘东铁矿的工程技术人员合作，经过室内试验、现场试验和试点工程应用，研究成功一种缝管式摩擦型锚杆。它是一条全长开缝（缝宽为14mm）的高强钢管，一端呈锥形，另一端则焊有钢筋挡环，另附有钢托板。当开缝的高强钢管被强制地打入比其外径小2～3mm的钻孔后，钢管的缝宽变小，对孔壁围岩产生径向预应力。试验结果表明，这种新型锚杆能在安设后立即对围岩施加三向预应力，主动控制围岩变形能力强。随着时间的推移，岩体发生剪切位移或经受采掘爆破震动的冲击，柔性大的钢管会折曲变形，进一步锁紧岩层而使锚固力上升。这种岩石锚杆独特的力学作用和良好的工程效果，迅速在我国金属矿、煤矿的巷道、采场工程中被广泛采用。仅在该项技术开发成功的1～2年内，就被近百个矿山与铁路隧洞工程采用。许多矿山采用缝管式摩擦锚杆支护，成功地维护了大变形巷道洞室的稳定性，一些经受反复采掘爆破震动作用的巷道和采场也能长期保持正常工作。

此后，我们在多个国际学术会议和科技刊物上发表了多篇关于缝管式摩擦型锚杆独特的力学机制与工作性能及其对控制软岩隧洞变形的良好效果的论文，如我和冯申铎撰写的《缝管式摩擦型锚杆

的力学作用与支护效果》，我撰写的 Mechanics of Friction Rock Bolt and Its Adaptability to Controlling Deformation of Soft Ground，我与胡建林撰写的 A Innovation in Mine Support in China。这些论文对促进国内外地下矿山锚杆支护技术的发展发挥了积极的作用。

六、坚定、自信、顽强地向既定目标奋进

1978 年，我主持完成的"喷射混凝土锚杆支护"和"抗地震抢险加固新技术"两项科技成果获全国科学大会奖。此后，我主持完成的"金川矿区不良岩层巷道变形控制与喷锚支护""软弱破碎岩体喷锚支护作用机理与应用技术""缝管型摩擦式锚杆技术"等成果均获得冶金部科学技术进步奖。我们研究的喷射混凝土锚杆支护不断取得新进展、新突破，在我国矿山、交通、水利水电等部门的隧洞洞室工程和建筑结构补强加固工程中得到日益广泛的应用，取得了显著的经济效益与社会效益。此时，我们的喷锚支护研究组被冶金部授予"红旗科研组"称号，我也获冶金部"先进科技工作者"称号。

1983 年 6 月，我院领导班子改组，原院科研处处长刘鹤年同志被冶金部任命为院长。他上任后不久，连续三次找我谈话，刘院长说，"科研处是院里最重要的一个部门，根据一些同志的推荐，希望你能出任科研处处长一职"，我一次又一次地婉言推辞。第三次是他亲自来我办公室的，当时我正在起草国家标准《锚杆喷射混凝土支护技术规范》（GBJ86—85）的初稿，顺手把我在《地下工程》刊物上发表的两篇文章递给他，他翻阅了片刻后，若有所思地对我说："嗯，不错，不简单，关于要你出任科研处处长的事，我们再考虑一下。"几天后，院里公布二级领导班子的名单，我仍留任研究室主任，这时，多天来我忐忑不安的心情终于消退了，我深深地感谢院领导

对我的理解。我为能继续全心全意从事专业科研工作而感到高兴。

在全国大打矿山之战的年代里，为了加速矿山工程建设，能从事岩土锚固与喷射混凝土支护技术研究，我们科研团队的每一个人都感到光荣和自豪。但是长期的矿山生活，艰苦恶劣的工作环境，也是我们必须面对的挑战和考验。

1974年夏天，我和科研组人员来到湖北金山店铁矿，与冶金部第十五冶金建设公司的科技人员一道，开展试验巷道喷锚支护工作性能的监测与试验。我们的试验巷道长40m，为直墙拱形断面，面积约10m^2，围岩属节理裂隙发育的Ⅲ级围岩，采用厚10cm的喷射混凝土支护，顶拱安设长1.5m、间距0.75m的全长黏结型锚杆，在巷道里的4个断面上埋设了测量拱顶下沉与巷道收敛的测点，埋置了测量锚杆轴力、喷层与围岩间应力的元件，经过近3个月的监测，巷道最大位移为5.0mm，且在开挖支护15d内趋于稳定。特别要提到的是，测得的喷层与围岩间的平均径向应力为0.25MPa，平均切向应力为2.6MPa。巷道顶部喷层与围岩间的切向应力远大于径向应力是"围岩—支护"紧密黏结，已形成一个共同工作的加固岩石拱的本质标志。通过金山店矿试验巷道获得的喷层与围岩间接触应力的科学数据实在太珍贵了，它为我们认识"喷锚—围岩"相结合的现代支护与现浇混凝土衬砌与围岩相分离的传统支护两者具有根本区别的力学特征，提供了有力的论据。

1976年，唐山发生里氏7.8级强烈地震，许多建筑结构出现倒塌或被严重破坏，处于震中区的唐山钢铁集团公司（简称"唐钢"）也无法幸免。根据冶金部的指示，我院派出了抗震抢险工作队，我主持用配筋喷射混凝土加固受损严重的砖烟囱，厂房砖墙和钢筋混凝土梁、柱、板等工作。根据震后砖墙出现的不同裂缝宽度和裂缝分布特征，我们研究设计了多种有针对性的节点处理形式和施工方案。正当喷射混凝土修复加固处于关键时刻，我却患上痢疾，持续了 7～8 天，病情也不见好转，我也消瘦了许多，队长要我回北京看病和休息，等身体恢复后再回来。我选择了坚持，一直坚守在唐钢震害厂房结构加固修复的岗位上。又过了 30 多天，当我们看到用钢筋喷射混凝土加固的烟囱冒烟，一个个被加固过的震损厂房比预计时间提前 3 个月恢复了生产，工作队的每个队员脸上都露出了胜利的喜悦。

几十年来，我们几乎长年累月地工作在地下矿山和隧道工程现场。在几百米以下的地层深处从事研究实践是有危险的。在南京梅山铁矿、湖北金山店铁矿、金川镍矿和河北邯郸铁矿的地下矿山巷道里，都曾出现过离我们工作部位仅 7～8m 或 15～20m 处的巷道突然冒顶塌落的现象，死神与我们擦肩而过。但我们没有退缩、畏惧，坚持在艰苦、恶劣的环境中，探索"围岩—支护"相互作用的规律，研究出一个个影响力大的创新成果，有力地推动了喷射混凝土锚杆支护技术的发展，为实现我国隧道、洞室和地下工程传统支护技术的根本变革，发挥了积极作用。

七、后高压灌浆型预应力锚杆，使淤泥质土地层中的锚杆承载力大幅提升

20 世纪 80 年代中期，我国迎来了城市建设的高潮，在地铁和高层建筑工程中出现了大量深基坑开挖、支护与稳定性方面的新课题。为此，我带领科研团队，紧紧把握我国社会经济发展的热点，及时地把科研工作的重点转移到城市深基坑支护、边坡防护和地下结构物抗浮稳定技术上来。

1986年，为了解决上海太平洋饭店淤泥质土地层中基坑支护的难题，应上海宝钢第廿冶金建设公司张惠甸总工程师的邀请，我带领于来喜、范景伦、胡建林、钟映东等几位年轻的科技人员来到上海，共同组建了"软土锚固科研组"，开展新型软土锚杆的试验研究工作。我们首先分析了上海淤泥质土地层的力学特性是土质含水量高、塑性指数高、强度低、蠕变量大，若采用传统的重力灌浆的直筒型预应力锚杆，由于锚杆极限抗拔承载力低，不足以控制地层的蠕变变形，会带来很大的安全风险。此后，我们查阅了国内外的相关文献资料并经反复讨论，决定采用高压劈裂灌浆技术加固直筒型锚杆锚固段周边的淤泥质土的后高压灌浆型锚杆。

当这种新型锚杆杆体插入钻孔后，采用重力灌浆形成直筒型锚固体并将密封袋内灌满水泥浆液。待初次灌浆体的强度达到 5MPa（约历时 24h）后，再用特制的具有限定灌浆区段功能的灌浆枪，在锚固段长度范围内有序地实施 2.5～4.0MPa 的高压劈裂灌浆。高压下的灌浆料会劈开薄层灌浆层向锚固段周边土体挤压、渗流和扩散，形成强度较高的水泥土区。锚杆锚固段周边水泥土抗剪强度的增长，锚固段体积的扩大，以及高压灌浆引起对钻孔壁面径向力的增大等

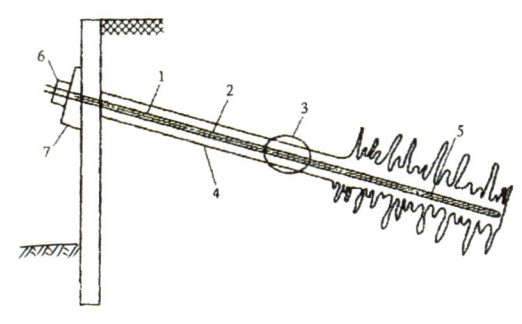

△ 后高压灌浆型锚杆结构体系示意

1.钢绞线杆体；2.袖阀管；3.无纺布密封袋；4.钻孔；5.高压灌浆浆体；6.锚具；7.承压块件

因素的联合作用，可使锚杆抗拔承载力得到显著的增长。

同年冬季，在上海宝钢区域选择了淤泥质土地层的试验现场，对设置在土层中的重力灌浆型预应力锚杆与后高压灌浆型预应力锚杆分别进行了荷载试验。试验采用分级多循环张拉的加荷、持荷、卸荷方式，得到两种不同类型预应力锚杆的"荷载—总位移曲线""荷载—弹性位移曲线"和"荷载—塑性位移曲线"。试验结果表明，重力灌浆型锚杆的极限承载力为420kN，后高压灌浆型锚杆的极限承载力为800～1000kN。

1987年，上海太平洋饭店淤泥质土中的基坑工程采用4排后高压灌浆型锚杆背拉厚45cm的钢筋混凝土板桩支护获得成功。该基坑开挖面积为86m×120m，深12.55～13.66m，所处地层为饱和流塑至软塑的淤泥质砂质黏土，C值为16kPa，φ为0～1.5°，采用的后高压灌浆锚杆水平间距，第一排为5.0m，其余三排为1.86m，锚杆的锚固段长为20m，锚杆极限抗拔力达800～1000kN，当基坑开挖至坑底标高，板桩大部分测点水平位移在10cm以下，局部测点水平位移为10～15cm，随即保持稳定。后高压灌浆锚杆的预应力损失约为10%。

此后，后高压灌浆型预应力锚杆被用于深圳海神广场、嘉宾大厦等10多个基坑工程中，均获得良好效果。后高压灌浆型预应力锚杆技术系国内首创，达到国际先进水平。我院将后高压灌浆型锚杆成果为主等集成的"预应力锚杆新技术"，获1990年国家科学技术进步奖三等奖。

采用后高压灌浆的预应力锚杆，可使包括淤泥质土在内的软黏土中的锚杆承载力达1000kN以上，这在国内尚属首创，是我国黏土锚固技术的新突破，对加速我国东南沿海城市软土基坑工程建设

△ 上海太平洋饭店基坑工程

具有重大作用。若后高压灌浆技术能与压力分散型锚杆结合使用，则不失为软弱岩土锚固结构（抗浮结构、边坡）的一种优选方式。

八、我国岩土锚固技术的重大突破
——压力分散型锚杆技术

1994 年 11 月，我应日本 PC 格构协会的邀请，赴日本进行学术交流，并考察日本的岩土锚固工程技术。令我印象最为深刻的是在边坡工程中广泛应用 KTB 工法（压力分散型锚固体系），也就是欧洲的单孔复合锚固法。回国后，我就产生了要研究发展这种新型锚固体系的念头。我与范景伦等人一起，完成了压力分散型锚杆的结构构造设计工作，但苦于没找到合适的试验工程，只是规划了研究大纲和实施方案就搁置下来了。正巧，中国银行于1996年正在位于长安街上的西单西北角建设总行办公大楼，该大楼的基坑采用锚拉地连墙支护结构。北京地铁公司要在紧邻该基坑东侧规划建造地铁线，不允许锚杆深入该区域。经有关专家推荐，该工程的设计与承建方代表找到了我们，在认真听取了我们关于这种新型锚杆工作原理、拆芯方法的详细介绍后，一致同意由我方进行该新型锚杆试验。我们就紧锣密鼓地开展了试验工作，参与该项试验工作的还有我院的范景伦、周彦清、李成江和长江科学院的韩军、罗朝文等人。由于对压力分散型锚杆和可拆芯技术早有一定的技术准备，因而试验工作进展顺利，短短70多天就完成了试验锚杆结构设计和制作、测试原件的安设以及锚杆体就位等项工作。对6根试验锚杆拉拔试验的结果表明，全部锚杆的极限抗拔力都大于1000kN，到达极限抗拔力时，各单元锚杆长5.0m的锚固段的轴向应力仅分布在2.5m的范围内，说明锚杆总锚固段长度缩短50%，仍能得到同等的极限抗拔力。试验锚杆的24根钢绞线也全部顺利抽出回收。试验成功后，中国银行总行基坑（深21～24m）东侧的地连墙由334根压力分散型（可拆芯式）锚杆拉固，在工程施工与使用期间，一直处于稳定状态，地连墙的最大位移为13mm，仅为基坑其他三侧采用普通拉力集中型锚杆地连墙最大位移量的40%，工程锚杆的抽芯回收率达96%。

　　这种锚杆的另一个显著特点就是具有良好的长期工作性能。它是我国当前边坡、大型洞室、受拉基础、结构抗浮、混凝土重力坝等锚固工程竞相争用的锚杆形式，也是可抽芯回收锚杆唯一可以采用的锚杆形式。2003年，该技术成果与我院2001年完成的"三峡永久船闸高边坡预应力锚固研究和应用"等成果集成的"岩土预应力锚固综合技术的研究与应用"获国家科学技术进步奖二等奖。

国内外岩土工程界普遍认为，压力分散型锚杆技术是岩土锚固技术领域的重大突破。我国水利、土木、建筑工程中一些大型锚固结构采用压力分散型预应力锚固（索）所取得的良好的稳定效果和经济效益，也得到充分证明。

△ 锦屏一级水电站左坝肩高 530m 边坡锚固外貌

四川锦屏一级水电站左坝肩开挖高度达 530m 的边坡稳定，维持边坡稳定主要采用 6300 余根，长度为 30～80m，设计承载力为 1000～3000kN 的压力分散型预应力锚杆，每根锚杆的锚固长度为 6.0～8.0m，分别锚固于大理石、变质砂岩和粉砂质板岩中。我们曾对 140 多根负荷的岩石锚杆的初始预应力进行长期监测。监测结果表明，工作锚杆在 1 年后的预应力损失率为 2%～4%，7 年后预应力损失率基本保持不变。

九、为建立和发展"岩土锚杆与锚固结构"学科不懈努力

根据我国工程建设发展的需要，1975 年，我与喷射混凝土锚杆支护技术领域的先行者段振西（煤炭科学研究院）、刘启琛（铁道科学院）、赵长海（水利部东北勘测设计院）、苏自约、邹贵文（冶

金部建筑研究院）共同起草编制的《喷射混凝土锚杆支护设计施工规定》，由国家建设委员会（现住房和城乡建设部）批准颁发。此后，我作为第一起草人，又主编了《锚杆喷射混凝土支护技术规范》（GB J86—85）、《锚杆喷射混凝土支护工程技术规范》（GB 50086—2001）、《岩土锚杆与喷射混凝土支护工程技术规范》（GB 50086—2015）、《土层锚杆设计施工规范》（CECS22：90）、《岩土锚杆（索）技术规程》（CECS22：2005）等8部国家与行业标准。其中，2015年颁布的国家标准《岩土锚杆与喷射混凝土支护工程技术规范》（GB 50086—2015）（简称《规范》）的主要起草人中，就有我、李成江、郑颖人、康红普、伍法权、刘启琛、周火明、杨启贵、盛谦、韩军等多名中国岩石力学与工程学会的常务理事和理事，我们在规范修编中起着主力军的作用。该《规范》内容全面、新颖，与国外同类《规范》相比，将岩土锚杆与锚固结构的设计、施工规定融合在一本《规范》内，是一个突破与创新，具有更广泛的指导性与实用性。它是我国土木、水利、建筑、地矿等工程中一项影响力大、覆盖面广

△ 程良奎主编的国家与行业工程技术规范

的工程技术规范,对加速我国隧道、洞室、矿山井巷、边坡、深基坑、受拉基础、结构抗浮和混凝土坝等各类锚固结构工程建设具有重大作用。

岩石力学与岩土工程学科主要分支之一的岩土锚杆与锚固结构学科的建立需要一个基本理论体系和大量的专业技术概念。这需要众多的专业科技工作者长期坚持不懈的努力,也需要大量科学研究成果和学术著作作支撑。在这方面,我和科研团队50年来共完成了40多项科技成果。其中,我作为第一完成人,有18项成果获得国家及省部级科学技术奖。我还撰写出版了《喷射混凝土》《岩土加固实用技术》《喷射混凝土与土钉墙》《岩土锚固》《岩土锚固·土钉·喷射混凝土——原理、设计与应用》《程良奎科技论文集:岩土锚固·喷射混凝土·岩土工程稳定性》等8本专著,在国内外公开发表论文200余篇。在这些论著中,全面系统地反映了我与合作者们50多年来在岩土锚固、喷射混凝土与岩土工程稳定性方面的科技与学术成果,记录了我们为挖掘岩土潜能奋斗不息、勇于创新的艰苦历程。对喷射混凝土、锚杆与围岩的相互作用与共同工作机制、喷锚支护工作特性与作用原理、高应力低强度围岩隧洞的变形控制机理、岩土锚杆的荷载传递机

△ 程良奎撰写出版的专著

制与黏结应力分布特征、岩土锚杆的破坏机理与提高锚杆抗拔承载力的途径与方法等方面提出的一些独到的概念及有创新性的学术思想，得到工程界同人的普遍认同与好评。

根据对锚杆荷载传递机制的研究，我提出了在预应力锚杆抗拔承载力计算公式中应引入锚杆锚固段长度对黏结强度的影响系数"ψ"，修正了传统锚杆抗拔承载力计算公式的不合理性。这已被国家标准《岩土锚杆与喷射混凝土支护工程技术规范》（GB 50086—2015）和中国工程建设标准化协会《岩土锚杆（索）技术规程》（CECS22：2005）所采用。我们在"金川矿区不良岩层巷道变形控制与喷锚支护研究"中所获得的关于塑性流变岩体中隧洞喷锚支护设计应遵循"及时支护，先柔后刚，分期实施，全面封闭"和"采用以监控量测、信息反馈的动态设计"等理念和原则也被相关国家标准所采纳。

工程建设飞速发展的迫切需要，是岩土锚杆与锚固结构工程与学科得以持续发展的源泉与动力。我们只有坚持理论与实践相结合的原则，不断开拓，勇于创新，才能走向挖掘岩土潜能的远方。

十、回顾以往，展望未来

50多年来，我和我们科研团队坚持以充分利用和发挥岩土体的能力和自身强度，维护岩土开挖工程稳定性，作为科研工作的出发点与归宿，从不停歇地研究岩土锚固、喷射混凝土支护技术与岩土工程稳定性，取得了一个个成效显著的科技成果。主持和参与的矿业、建筑、水利、水电、交通、地质工程系统的数百项大中型岩土工程的技术咨询、方案论证及病害治理，均取得良好的成效，受到工程界的普遍好评与赞誉。曾获冶金部"先进科技工作者"与建设部"全国施工技术进步先进个人"等荣誉称号。1991年起，享受国务院政府特殊津贴。

1957年参加工作以来，先后任冶金部建筑研究总院研究室主任和总院副总工程师，1988年晋升为教授级高级工程师。1985—2016年，一直担任中国岩石力学与工程学会常务理事，国际岩石力学学会中国小组成员。曾任中国岩石力学与工程学会技术咨询委员会主任委员、地下工程专业委员会副主任委员、中国金属学会施工技术专业委员会主任委员、矿建专业委员会副主任委员、中国工程建设标准化协会理事、中国岩土锚固工程协会（第一、第二、第三届）理事长、中国土木工程学会隧道与地下工程分会理事，大连理工大学、北京科技大学、中国矿业大学（徐州）兼职教授，《土木工程学报》《岩石力学与工程学报》编委。

在长期的科研实践中，我深深地懂得，一个科技工作者只有将研究方向紧紧瞄准社会经济发展的热点，并脚踏实地、百折不挠、始终如一地朝着既定的研究目标努力拼搏、坚持创新，才能有所作为和成就。

2000—2014年，我担任中国岩石力学与工程学会技术咨询工作委员会主任委员，在此期间，在学会领导的指导下，在全体委员和相关专家的共同努力下，先后主办了"隧洞、边坡、基坑新技术新方法"等3次全国性的岩土工程新技术研讨会，举办了2期"岩土锚固新技术"培训班，并针对我国建筑、水利、水电、铁路、公路、矿业等工程建设需要，与委员们一起开展了近百项技术咨询、方案论证、技术讲座和工程病害处置工作，成效良好，为解决岩土工程中的关键疑难问题和推动岩土工程新技术的发展发挥了积极作用。

2012年，我和学会于学馥、刘宝琛的科技业绩与成就被中国科学技术协会编入《中国科学技术专家传略》（冶金卷2）（中国科学技术出版社，2012年6月出版），这对我们是一个很大的激励。

时间匆匆，1985年在学会成立大会的讲坛上，曾代表青年科技工作者发言的我，如今已是年迈的老者，早已步入古稀之年。2019年11月22日，我即将年满84周岁，原打算在2019年9月，我们编著的《岩土锚固与喷射混凝土支护工程设计施工指南》出版后，好好歇一歇，现在看来这一愿望又要打折扣了。事情是这样的，两年前，我的几位在杭州从事岩土工程专业工作的朋友，执意要成立一个岩土锚固研究院，并要用我的名字命名，当地政府也给予支持。但我一直不同意，僵持了一年左右，最后大家都作了让步，公司命名为浙江省聚能岩土锚固研究有限公司，我被聘为该公司的首席专家。该公司虽已在半年多前挂牌成立，但科技研发力量仍在组建中。此外，面对来自全国各地关于参与重大岩土工程设计方案论证、技术咨询、技术讲座、工程病害治理等项的邀请，我也无法完全推辞。这种快节奏的工作状态与我的年龄是很不相称的，但我感到很充实，也很快乐。几年前，《科学中国人》杂志社曾两次采访和报道过我，当记者问及我是怎样看待50多年的人生历程时，我曾坚定地说："挖掘岩土固有的潜能，造福于人类，其乐无穷，也永无止境。""我酷爱这一学科和专业，胜似生命，它是我毕生的追求，也是我力量的源泉，我将毫不迟疑地沿着这条挖掘岩土潜能的道路走下去，直至走完最后一步。"

刘同有

为建设世界一流的中国"镍都"而奋斗

个人简介

刘同有（1942—　），男，山东蓬莱人。教授级高级工程师，原金川有色金属公司副总经理。曾任中国岩石力学与工程学会第四、第五、第六届副理事长；北京科技大学、中南大学、辽宁工程技术大学客座教授，博士生导师；昆明理工大学、兰州大学、东北大学、桂林理工大学、南方冶金学院客座教授；国际岩石力学与岩石工程学会（ISRM）中国小组成员。享受国务院特殊津贴。

1965年毕业于北京钢铁学院（现北京科技大学）采矿系。长期在矿山井下从事有色金属采矿生产、技术、管理工作。亲身经历并促进了金川镍矿从只有几十万吨矿石产量的小矿，发展到拥有千万吨矿石产量的现代化大型矿山，并正向自动化、智能化矿山迈进。

在金川矿山的开采过程中，创建了"金川矿山岩石力学"，包括：矿山工程地质、岩石力学、矿山设计、矿山管理等多方面内容，对区域应力的确定，岩带和岩组的划分，岩体结构的分类，原岩应力测定，变形破坏模型和基本规律，二次支护，喷锚网（喷锚注）支护，下向胶结充填采矿，深部多中级回采地压规律及灾变关系的预测等。

将可靠度分析方法应用于采矿工程稳定性评价；进行无矿柱大面积连续开采巷道稳定性可靠度分析及围岩整体灾变失稳风险预测，为深部大面积连续开采奠定了基础。

建立了金川岩体稳定性分析方法和机械化下向大面积连续开采的采矿方法以及相关的配套技术，如高浓度细沙管道充填技术，全尾砂泵送充填技术，膏体充填技术。全面采掘机械化配套技术，使金川镍矿成为世界一流的地下矿山。

曾获国家科学技术进步奖特等奖1项、二等奖2项，省部级科学技术进步奖14项。出版专著6部，发表论文60多篇。

金川有色金属公司（简称"金川公司"）位于甘肃省金昌市，是采、选、冶配套的大型有色、冶金、化工联合企业，生产镍、铜、钴等稀有贵金属、硫酸等冶金化工产品和相应系列深加工产品及盐类产品。镍和铂族金属产量分别占中国的88%和90%以上，是中国最大的镍钴生产企业和铂族金属提炼中心。

金川镍矿是世界著名的多金属共生的大型硫化铜镍矿之一，镍金属储量在世界同类矿床中列第三位，占中国总储量的70%以上，铜和钴的储量居中国第二位，稀有贵金属储量居中国第一位。金川镍矿发现于1958年，集中分布在龙首山下长6.5km、宽500m的范围内。

中央领导同志在1966年视察金川时，称它为"金娃娃"。但在"金娃娃"开采初期，因工程地质条件极为复杂，开采速度十分缓慢，给金川集团的生产造成了极大困难。

1978年全国科学大会召开后，时任国务院副总理的方毅同志到金川组织召开了金川资源综合利用大会，动员全国50多个单位，数百位专家、教授和科技人员到金川联合攻关，从地质、采矿、选矿、冶炼一直到环保，从基础研究、应用研究到技术开发，从实验室试验、扩大试验到工业试验，从科研、设计、施工到投产等全面开展，互相衔接，统筹安排，在短时间内，科研、技术改造、新产品开发、引进技术的消化吸收等都取得了突破性进展。十多年来，共开展科研专题300多个，取得了110项重大科技成果，1989年获国家科学技术进步奖特等奖，42项子课题获省部级奖。通过科技联合攻关，实现了产量、质量、金属回收率等技术经济指标的大幅提升，使金川真正迈入世界一流企业的行列，从此"金川"拥有了中国"镍都"的称号。

回顾"镍都"建设的全过程，以下几点是值得总结和回顾的。

一、创建"金川矿山岩石力学"

根据陈宗基教授的建议，以中国科学院武汉岩土力学研究所、金川公司镍钴研究所、金川公司井巷公司为主，组建了金川公司岩石力学工作队，设计了试验段，开始了现场大型岩石力学与工程的试验研究。

在金川资源综合利用的科技攻关中，金川公司与全国 50 多所科学研究院、大专院校，几百名科研人员，经过十多年的辛勤工作，在矿山工程的生产实践和科学试验中，共同创建了"金川矿山岩石力学"。其主要内容包括：矿山工程地质、岩石力学、矿山设计、矿山施工等许多综合内容。形成了对区域应力场的确定；6 个岩带和 11 个岩组的划分；岩体结构类型分类；矿区原岩应力；露天边坡变形破坏的地质模型；巷道变形的基本规律；二次支护的设计原理；喷锚网（喷锚注）联合支护；下向胶结填充采矿法；深部多中段回采地压规律及灾变失稳预测与控制等。

在金川公司矿山岩石力学的研究过程中，造就了中国岩石力学与工程界一代代的优秀领

△ 在金川二矿斜坡道视察

军人才，从陈宗基先生到谷德振先生以及梅剑云、程良奎、周思梦、王武林、朱维申、白世伟、王思敬、杨志法、孙玉科、许兵、李毓瑞，北京科技大学于学馥、方祖烈、蔡美峰，长沙矿山院吴统顺、周先明，中科院廖椿庭、李晓、马凤山等。当年，他们在金川生活条件十分艰苦、工作条件十分简陋的情况下，面对金川工程地质条件复杂、矿岩破坏、地压大等世界级的岩石力学难题，付出了自己的青春和全部精力，做了大量开创性的工作，取得大批科研成果，解决了金川矿山建设和生产上的大量技术难题，对金川的岩石力学研究做出了突出贡献。

回顾历史，吃水不忘挖井人。借此机会，我要向所有为金川岩石力学研究做出贡献、付出辛勤劳动的专家、学者、工程技术人员表示衷心的感谢。

二、团结协作、联合攻关结硕果

金川公司 60 年的发展，首先得益于国家"金川资源综合利用"的联合攻关。我作为金川公司领导成员，和其他领导成员一起，锲而不舍，几十年坚持大团结、大协作，弘扬集智攻关精神，带领金川公司科研团队和来自全国各地的知名专家、学者、科技工作者，协同攻关，经过几十年辛勤努力，破解了困扰金川公司发展的一系列关键难题。除 1989 年获国家科学技术进步奖特等奖以外，其他有代表性的科研成果主要有：

1. 金川铜镍硫化物（含铂）矿床模式及区域成矿预测

1996 年获国家科学技术进步奖二等奖。该项目总结了金川铜镍硫化物（含铂）矿床的成矿背景和成矿规律，并详细阐述了深部岩浆熔离—复式贯入的成矿模式；首次建立了金川矿床的地质—地物—地化综合找矿模型。该项目研究成果在许多领域取得新进展，在矿床研究的某些领域有新的突破，达到国内领先水平和国际先进水平。

2."金川矿区不良岩层巷道变形控制与喷锚支护技术""金川二矿区不良岩层巷道地压活动规律及其控制方法""金川矿区二期工程无矿柱大面积连续开采稳定性及控制技术研究"

以上3个课题不仅推广了喷锚支护技术，而且是第一次全面系统地研究金川矿区不良岩层的流变特性及地下巷道地区活动规律，根据岩层不同属性、不同地压来源，从分析地压活动规律入手，运用信息化设计法，使支护特性和施工工艺过程不断适应围岩变形的活动状态，达到维护巷道稳定的目的。

这3项成果，对龙首矿和金川二矿区的建设起到了极大的推动作用。先后获部级科学技术进步奖二等奖。

3. 膏体充填新技术的研究与工业化

2000年该成果获国家科学技术进步奖二等奖，在中国开创了膏体充填新技术。通过将工业废料——尾砂、粉煤灰、炉渣和砂石与水泥进行优化组合，配制成具有良好可泵性能的膏体状料浆，用液压活塞泵在"柱塞流"条件下泵送到井下采空区完成充填作业。该成果的推广应用，使我国大部分有色、黄金和核工业矿山都采用了这项膏体充填的新技术，解决了工业废料的二次利用问题和环境污染问题，降低了工业生产综合成本，改善了当地的生态环境，具有明显的经济效益和社会效益。

4. 高浓度胶结充填料浆管道自流输送新工艺

1985年获国家科学技术进步奖二等奖。该项目进行了以3mm戈壁集料棒磨砂为骨料，400号硅酸盐水泥为胶结剂，按不同的灰砂配比制成超过临界流态浓度的高浓度料浆，通过管道自流输送到采矿场的实验研究，创立了高浓度胶结充填料浆管道自流输送新工艺。其工艺技术和自动检控精度为国内首创，达到了国际先进水平。

5. 金川镍矿高应力特大型矿床连续开采综合技术

2012年获国家科学技术进步奖二等奖。该项目针对高应力破碎金属矿床开采的技术特征，以安全、高效为目标，综合运用理论分析、室内实验、数值模拟和现场工业试验等方法，先后开展了"基于仿生结构的大面积连续开采工艺技术""高应力破碎条件下多中段开采地压规律""深井充填高浓度料浆输送技术""复杂矿井通风系统仿真技术与优化方法"等研究工作，创立了安全高效的采矿方法，揭示了高应力破碎矿床地压规律，开发了深井充填关键技术与装备，实现了矿井提升智能化，建立了复杂矿井通风系统优化技术，较好地解决了高应力破碎矿床存在的矿区构造运动剧烈、水平构造应力高、节理裂隙发育、矿岩稳定性极差等开采技术难题。

与此同时，我还带领金川科研团队通过国家相关部门的支持，与瑞典律里欧大学岩石力学专家史蒂芬森教授合作，开展金川二矿区岩石力学研究，通过国际合作与交流，使金川公司工程技术人员开阔了科研视野，也使金川公司岩石力学研究朝着国际化方向迈出了坚实可喜的一步。随后，我们金川科研团队一鼓作气又与澳大利亚艺特·艾萨公司、美国科罗拉多矿业学院等国际专业科研单位、专家学者进一步合作研究了金川矿区自然崩落法的岩石力学问题和下向胶结充填的岩石力学问题。这些国内、国际的合作研究与交流，不仅让金川公司的工程技术人员在实际工作中了解并掌握了岩石力学方面的国际先进理论技术，开拓了思路，同时也解决了金川公司在生产和基建施工中遇到的实际困难，更使金川公司岩石力学方面的研究在国际上的知名度得到提高。

三、蕴含的学术思想

金川公司60年发展取得一系列创新型成果，解决了基建、生产过程中的一系列技术难题，这些科研成果其中蕴含着极为丰富的学术思想。我总结了一下，主要有以下几点。

（1）首次将可靠度分析方法应用于地下采矿工程稳定性评价，进行无矿柱大面积连续开采巷道稳定可靠度分析及围岩整体灾变失稳风险预测，为深部大面积连续开采安全生产奠定了基础。

（2）提出了把地下采矿作为系统工程，综合统筹、系统分析的思路与方法，为安全、有效地进行大面积连续开采工艺优化、采场地压控制及采矿事故预测发挥了重要作用。研发的集"信息管理、辅助分析与事故预测"于一体的系统分析集成软件，利用现代化信息技术，把采矿各个环节的协调、配合和先进技术充分发挥出来，使随空间和时间分布的信息得以管理和应用，解决了深部难控制采场地压和采矿事故的预测、预报问题。

（3）提出了充填体作用机理，为可靠地评价采场围岩稳定性和优化填充材料、降低采矿成本提供了重要依据。对充填体填充作用机理的认识与定性分析，直接关系到采场系统稳定性评价和采矿成本，为此，金川公司在对不同材料、不同配比的充填材料物理力学性质研究基础上，提出了胶结充填体作用机理，为下向胶结填充大面积连续开采稳定性分析与充填材料优化设计、降低采矿成本提供了理论依据。

（4）提出了高应力区不良岩层巷道支护理论与关键技术，从理论和实践上解决了掘进与支护难题。

（5）提出了金川岩体稳定性分析方法。金川镍矿地应力高、地质条件复杂，被世界采矿界所关注。为了解决采矿工程稳定性问题，金川公司提出了金川岩体稳定性分析方法。此方法的核心是："自然状态下的岩体在工程作用下的变形破坏，关键在于岩体的内在结构与交替采动应力的耦合作用。"主要分析方法具体内容：从构造体系的地质力学研究入手，分析构造应力大小、方向及变化规律，借助于岩石力学理论与计算方法，进行工程岩体稳定性定量分析与定性判断。该分析方法应用于金川二期工程的掘进与支护，为维护巷道的长期稳定性起到了重要作用。

（6）成功地解决了高浓度料浆管道输送的工艺与技术问题。在研究中，运用了"临界流态浓度"理论和水力坡度计算方法，解决了粗骨料管道充填、细砂管道充填、高浓度料浆管道充填及全尾砂泵送充填技术上的一系列难题，对我国胶结充填采矿起到了先导作用，使金川公司的充填工艺、技术和理论研究处于世界前列。

四、结语

金川公司在继续发展，联合攻关仍在进行。科学研究永无止境，我们也将把潜心研究的奉献精神发扬光大。

我们将以先进的工程地质力学和岩石力学理论为指导，以现场监测为基础，采用各种高新探测、量测和监测仪器设备，构成地表与井下多层面网络式立体监测系统；利用先进的物理模拟试验装置和计算分析手段，发挥多学科合作、多手段并用的研究优势，着眼于金川二矿区的整体开拓开采系统，重点对二矿区深部多中段回采的地压显现规律及突发性灾变失稳事故的预测和控制技术以及地裂缝持续发展带来的矿体大面积突然来压和地表变形开展深入研究，以确保金川矿山的安全、高效开采及可持续发展。

杨林德
在工程实践中不断攀登

个人简介

  杨林德（1939—　），男，江苏无锡人。同济大学二级教授，博士生导师。

  长期在地下建筑结构与岩土工程技术领域从事教学和研究工作，开展的科学研究结合工程实践的需要，在岩土工程反分析方法和地下结构抗震计算理论与设计方法方面有较深入的研究，其成果有较大的影响力。在地下空间利用的平战功能转换技术、复合支护设计计算方法、应力渗流耦合问题的分析理论与计算方法，以及地下工程结构物的耐久性研究等方面也有较多成果。20世纪90年代以来，共参与承担国家自然科学基金重点项目1项，主持承担国家自然科学基金面上项目4项，省部级基金或纵向研究项目15项；出版专著2部，主编著作6部，参编著作8部，发表论文200余篇；荣获国家科学技术进步奖二等奖1项，省部级科学技术进步奖一等奖3项、二等奖4项、三等奖5项。

  曾任同济大学地下建筑与工程系主任及岩土工程研究所所长、中国岩石力学与工程学会副理事长等职。现任中国岩石力学与工程学会名誉常务理事、中国土木工程学会隧道及地下工程分会顾问、中国岩土锚固工程协会顾问等。

一、立足本职　勇于创新

我自 20 世纪 70 年代末起，在岩土工程反分析方法领域长期从事理论研究和工程应用研究，并取得了一系列成果。迄今已在这一领域发表论文 60 余篇，出版专著 2 部，并已在水电系统结合 4 个大型地下厂房试验洞的监测成果分析，完成了理论研究成果的工程应用研究报告。在岩土工程反分析方法方面的研究成果，也已用于指导工程实践。

20 世纪 70 年代初，我在带领学生进行现场教学的过程中，参与了杭州宝石会堂地下洞室围岩稳定性的监测分析工作，监测物理量选为围岩应变（根据当时的技术水平选定的监测物理量），进行稳定性分析的原理即为新奥法原理（尽管当时还没有从国外传入这个词）。在对监测数据进行总结分析研究的过程中，我对围岩初始地应力的确定尝试提出了基于地质力学原理和围岩应变量测值的反分析方法。如今回顾当时的工作，我感到其中采用了较多的简化假设，思考方法也相当粗糙。原因首先是当时有限元方法的研究还刚起步，手头能用的分析手段少。但依据量测数据通过反分析途径确定围岩初始地应力的做法，在当时确实是一种全新的构思。

嗣后结合学生毕业设计实践的需

△ 在地铁车站接头结构振动台模型试验现场

要，我受命主持承担了杭州铁路分局地下机务段的设计任务，其间，结合需对采用锚喷支护的大跨度地下洞室围岩进行稳定性分析的需要，研究了基于洞周位移量监测值的反分析方法。20世纪80年代陆续发表论文10余篇，提出的反分析方法针对确定围岩初始地应力和围岩特性参数，成果包括对弹性和弹塑性问题的位移反分析计算提出了正算逆解逼近法，及借助等效弹性模量的表达式对黏弹性问题的分析构建了位移反分析方法。

1988年起，我开始承担水电站地下厂房试验洞监测资料的反分析研究任务，研究项目有"天荒坪抽水蓄能电站试验洞的位移反分析研究（1988—1989年）""广州抽水蓄能电站试验段位移反分析及地下厂房位移预报研究（1990—1991年）""拉西瓦电站试验洞的反分析研究（1990—1991年）"及"江苏宜兴抽水蓄能电站地下厂房收敛变形试验及反分析研究（2000—2001年）"。这些项目研究都提供了用于工程设计依据的成果报告。

20世纪90年代中期，上海市区在城市建设快速发展过程中，发生了几起基坑开挖工程事故。我以往很少接触土体工程，但因有的事故工程涉及同济大学的老师，而我又时任同济大学地下建筑与工程系主任，必须介入事故处理。经过几次事故处理过程，我觉察到有必要开展将反分析方法由岩体工程引入土体工程，以改进基坑支护设计计算方法的研究。为此，我先后申请和主持承担了国家自然科学基金项目"深基坑支护稳定性的动态概率监控（1995—1997年）"、国家人防办公室委托项目"人防工程深基坑安全性监测的动态预报与应急措施（1997—1998年）"等。通过对软土深基坑工程支护设计计算方法中关键参数的确定，建立了随机位移反分析方法，同时提出了可依据当前开挖工况的位移量预报后续工况的位移量的随机预报理论与方法。该方法既可更新循环的安全性动态预报过程和实施要点，又可同时考虑时间、空间因素的影响，并成功地在珠江玫瑰花园工地施工中用于保护周边别墅群，在外滩金融中心工地施工中用于保护上海自然博物馆旧馆及在豫园大酒店工地施工中用于保护清真寺古建筑的安全。20世纪90年代，我在反分析研究领域陆续发表论文26篇，并由中国科学院科学出版基金资助出版专著《岩土工程问题的反演理论与工程实践》（1996年4月）。

世纪之交，我开始结合岩土工程的应力渗流耦合问题，研究复杂应力分析问题的反分析方法，以及岩土工程施工安全性的预报与控制方法，相应的国家自然科学基金课题为"深基坑稳定性的各向异性渗流耦合分析与动态监控（1999—2001年）"及"软岩多元分析的智能化随机模糊决策与工程控制（2004—2006年）"。这一时期，我在这一领域陆续发表论文25篇，并由中国科学院科学出版基金资助出版专著《岩土工程问题安全性的预报与控制》（2009年3月）。

上述研究成果中，《岩土工程问题的反演理论与工程实践》引用率较高，并获建设部（现住房和城乡建设部）1998年度科学技术进步奖二等奖；国家自然科学基金项目成果获建设部1999年度科学技术进步奖一等奖；国家人防办公室项目成果获2001年度军队科学技术进

△ 在龙溪隧道调研汶川地震震害

步奖二等奖；参与研制的"同济曙光岩土及地下工程设计与施工分析软件"获 2002 年度国家教育委员会（现教育部）推荐的国家科学技术进步奖提名奖二等奖。

二、国际交流　融合发展

20 世纪 80 年代中期，我在美国明尼苏达大学地下空间中心当访问学者期间，有机会了解美国城市地下空间利用的状况，回国后开始结合城市地下空间的发展研究地下结构的抗爆设计方法，课题选为人防工程的平战功能转换技术，有助于贯彻"结合城市建设的发展开展人防工程建设"的方针。1989—1991 年，我主持承担了原总参工程兵部人防办公室下达的"七五"攻关项目"人防工程口部封堵与预留技术研究"，通过研究提交了口部功能转换图集，由原总参工程兵部人防办公室发至全国各设计院供参考，成果水平达到国内领先水平，并获 1993 年度济南军区人防科学技术进步奖一等奖（由主要协作单位山东省人防办公室申报）。以后在这一领域从事研究的项目还有"大楼地下室平战功能转换技术研究（1995—1996 年）""动荷载作用下粘钢加固构件与接头的机理、性能和应用前景（2004—2006 年）""软土地铁区间隧道结构抗爆承载能力的研究（2003—2005 年）"和"核爆条件下越江隧道防护门作用的研究（2007—2008 年）"等。其

△ 在香港大学论坛上致辞

中，前两个项目仍涉及地下空间平战功能转换技术，后两个项目则为在这一领域开展的基础研究，成果对开发城市地下空间的人防功能具有参考价值。

阪神地震（1995年）发生前，国内对地铁区间隧道和地下车站结构的抗震设计并不重视，也未制定规范，研究工作也几乎是空白，阪神地震中地铁建筑结构遭到严重破坏后，情况才发生变化。1996年春天，上海市建设委员会基金委员会的有关同志来上海防灾救灾研究所开会时提到："市府领导对上海市区正在大量建造的地下建筑的抗震能力的评估非常重视，而目前尚缺乏评估方法。对于建立地下建筑结构抗震能力的评估方法，同济大学上海防灾救灾研究所要有作为。"我作为同济大学地下建筑与工程系的代表，感到了压力，从而主动承担了这项任务。自那时起，我开始在这一领域结合上海软土地铁建筑结构的抗震设计，研究地下结构抗震设计的计算理论和设计方法，先后承担的上海市建设委员会发展基金项目有"上海市地铁区间隧道和车站的地震灾害与防治对策研究（1997—1999年）""上海地铁车站抗震设计方法研究（1999—2002年）"以及"上海市地下铁道建、构筑物抗震设计指南（2003—2005年）"和"上海市地下铁道建筑结构抗震设计规范制定研究（2007—2008年）"。其中，第一项课题为基础研究，内容包括地下结构震害调查和地震响应的分析理论；第二项课题对上海软土地铁车站结构成功地进行了振动台模型试验，据以检验提出的计算方法的合理性，从而为对地铁建筑结构的抗震设计确定计算方法奠定了基础，当时以建立计算方法为目标进行振动台模型试验在国内外均尚无先例，构思和采用的试验方法具有明显的开创性；第三项课题致力于制定设计方法的研究，包括提出符合振动台模型试验结果的简化计算方法，提出抗震构造措施，以及形成制定抗震设计规范的框架；第四项课题着力于制定规范条文，包括涉及各项政策法规的方方面面。十年磨一剑，通过研究提交了上海市工程建设规范《地下铁道建筑结构抗震设计规范》（DG/TJ08—2064—2009）的报批稿，经上海市建设和交通委员会批准后，已于2010年1月1日起实施，成为我国第一个地下建筑结构抗震设计规范。

基于上述研究成果，汶川地震发生后我又负责主持了国家标准《建筑抗震设计规范》（GB 50011）（2010年修订版）新编"第14章 地下建筑"的编写工作（2008年10月—2009年12月），并完成了这一新编章节的报批稿，经住房和城乡建设部批准后，已于2010年12月1日起实施。

在这一领域，我还主持承担了"上海市区地震灾害预测研究子项'上海市港区震害预测'（1991—1993年）""面向21世纪的上海城市防灾减灾管理研究子项'上海市潜在重大灾害的调查研究'（1999—2000年）"，以及"本市重要部位防汛墙段抗震能力的评估研究"（2001年12月—2003年11月）等项目的研究工作。其中，前两项为上海市建设委员会下达的任务，第三项为上海市建设委员会发展基金项目，通过研究都递交了可供领导参考的研究报告。

三、结合实际　使命担当

结合大型水电站地下厂房洞室围岩稳定性分析等开展的研究，涉及地下结构物的设计计算理论和方法。在这一领域，我所开展的工作可归纳为复合支护设计计算方法的研究、应力渗流耦合问题的分析理论与计算方法的研究，以及地下工程结构物耐久性的研究。

20世纪70年代初起，随着锚喷支护被逐步推广采用，岩石地下洞室支护结构的型式由衬砌结构转变为复合支护，其分析理论和设计计算方法理应相应改变。70年代末，我在对杭州宝石会堂工地的洞室围岩进行稳定性分析的研究中，开始接触有限单元法。自那时起，我采用这类方法陆续承担了多个大型水电站地下厂房洞室围岩稳定性分析的设计研究任务，其中包括"二滩水电站地下厂房洞室围岩稳定性的有限元分析（1979年5月—1980年9月）""响洪甸抽水蓄能电站地下厂房有限元分析（1989—1990年）""响水涧抽水蓄能电站主厂房围岩稳定性分析研究（1995年）""江苏宜兴抽水蓄能电站软弱岩层中大跨度高边墙地下厂房洞室群围岩稳定性分析及复合支护研究（1999年7—8月）"及"龙滩水电站巨型地下洞室群围岩变形特征、主要洞室变形预测及变形监控标准建议值研究（2002年5月—2004年4月）"。上述项目中，二滩、响洪甸、响水涧及江苏宜兴等水电站或抽水蓄能电站项目的研究，主要是根据地质资料，采用数值分析方法对地下厂房洞室围岩的稳定性分析进行的设计研究；龙滩水电站的研究项目则是国家电力公司下达的攻关项目，计算方法涉及复合支护受力过程的模拟及锚喷支护承载机理的分析。其中，锚喷支护承载机理的研究比较复杂，

△ 在龙滩水电站工地现场调研

我的研究主要是致力于定性和定量揭示锚杆支护对提高围岩的抗张拉能力的贡献。这一项目结束后，我又拓展研究了锚杆支护对提高围岩抗剪切能力的贡献的解析方法。在这一方向上，我在各类刊物上发表论文近 30 篇。

应力渗流耦合问题的分析在材料性态表述和计算方法方面都使问题更加复杂，研究工作难度更大，以往常常引入许多简化假定。我自主持承担项目"广州抽水蓄能电站高压钢支管合理长度、堵头型式及隧洞按透水设计的研究"起（1993—1994 年）开始涉足这一领域，研究内容同时包含应力渗流耦合条件下的材料性态和计算方法。之后，我又结合承担了 2 项相关国家自然科学基金项目，指导学生在这一方向进行实验研究和理论研究，完成博士学位论文 6 篇，在各向异性软岩材料的渗透特征、渗流耦合本构模型及耦合分析理论和计算方法方面都有成果，先后共发表论文 20 余篇。

地下结构物的耐久性研究于 21 世纪初开始受到关注。我在参加上海长江越江隧道方案设计竞赛过程中（2001 年）开始接触这一课题，感到知之甚少，但课题很重要，于是自 21 世纪初起即带领学生开展研究，起步较早。起初作为硕士学位论文选题，国家自然科学基金项目"地下混凝土衬砌结构的耐久性与使用寿命（2007 年 1 月—2009 年 12 月）"获批准后作为博士学位论文选题，共完成博士学位论文 3 篇，硕士学位论文 5 篇，发表论文 20 余篇。在这一领域，这些成果属于比较早期的研究成果。

我长期在学校工作，深感作为工科院校的老师，专业教学其实离不开工程实践。地下建筑是一门博大精深的学问，其分析理论和设计施工方法与周围岩土介质关系密切，而岩土介质的变化又层出不穷，使相关知识学无止境，仍有许多学术问题需要探索研究，由此催人奋进。我觉得自己在工作中能注意重视工程实践，从中学习知识，对发现的学术问题也能识别研究方向和认真钻研，但因受当时条件和能力所限，只是在一些方向上取得了系列成果，而在另一些方向上取得的成果则有限。长江后浪推前浪，见到年轻学者在我关心的领域取得许多新的研究成果，我感到非常高兴。